中国有色金属工业协会专家委员会组织编写

有色金属系列丛书

中国钼业

北京
冶金工业出版社
2013

内 容 简 介

本书共分为8篇，涵盖了钼的发展史及钼的性质与用途，钼的赋存形态、分布及勘探，钼的采矿、选矿及冶炼，金属钼制品的生产，钼工业的现状，钼行业管理及行业标准等方面。

本书文字简练，通俗易懂，数据资料翔实可靠，可读性强，是一本集科普性、知识性、实用性为一体的专业性较强的钼业书籍，可供从事钼生产、科研、销售的人员及欲了解钼行业的相关人士阅读，以帮助其快速了解和掌握钼行业的基本知识。

图书在版编目(CIP)数据

中国钼业/中国有色金属工业协会主编. —北京：冶金工业出版社，2013.8

(有色金属系列丛书)

ISBN 978-7-5024-6299-4

Ⅰ.①中… Ⅱ.①中… Ⅲ.①钼—有色金属冶金—冶金工业—中国 Ⅳ.①F426.32

中国版本图书馆CIP数据核字（2013）第173316号

出 版 人 谭学余
地　　址 北京北河沿大街嵩祝院北巷39号，邮编100009
电　　话 (010)64027926 电子信箱 yjcbs@cnmip.com.cn
责任编辑 李 臻 美术编辑 彭子赫 版式设计 孙跃红
责任校对 李 娜 责任印制 李玉山
ISBN 978-7-5024-6299-4
冶金工业出版社出版发行;各地新华书店经销;三河市双峰印刷装订有限公司印刷
2013年8月第1版，2013年8月第1次印刷
148mm×210mm；8.25印张；161千字；242页
32.00元

冶金工业出版社投稿电话:(010)64027932 投稿信箱:tougao@cnmip.com.cn
冶金工业出版社发行部 电话:(010)64044283 传真:(010)64027893
冶金书店 地址:北京东四西大街46号(100010) 电话:(010)65289081(兼传真)

《有色金属系列丛书》编辑委员会

《中国钼业》编辑委员会

序

为适应有色金属工业发展的需要，普及和提高有色金属知识，提升全国有色金属战线广大干部职工的思想业务素质，促进我国从有色金属生产大国向有色金属工业强国的转变，中国有色金属工业协会组织编写了《中国铜业》等《有色金属系列丛书》（共 21 本）。《丛书》集中了全行业的智慧和力量，汇集了当今中国乃至世界有色金属领域的最新知识和信息，深入浅出，通俗易懂，融知识性、实用性为一体，是社会各界学习和提高有色金属知识的好教材和实用工具书。

有色金属是经济社会发展必不可少的基础材料和重要战略物资。有色金属作为功能材料和结构材料而广泛应用于人类生活的各个领域，成为当今高新技术发展和国防军工的重要支撑。有色金属的生产和消费水平已经成为衡量一个国家社会进步的重要标志。

中国是生产有色金属品种最全的国家，门捷列夫化学元素周期表中的64种元素的有色金属都能生产。中国是世界生产和消费有色金属最多的国家，到2011年十种有色金属产量已达3438万吨(快报数)，连续10年位居世界第一，年消费有色金属已达3580万吨以上，连续9年位居世界第一。目前全国已有有色金属企业、事业单位3万多家，就业人员360多万。

有色金属涵盖的金属品种多。在元素周期表中，除了黑色金属铁、锰、铬，锕系和超锕系放射性金属元素外，余下64种都为有色金属元素。有色金属成矿条件复杂，矿床类型多样，矿体形态变化大，元素组合多样，勘探难度大，而且需要综合勘探、综合评价。有色金属结构复杂，多种矿物相嵌共伴生关系密切，选矿和冶炼的技术、装备复杂，工艺流程长。有色金属应用领域广，用途千差万别，材料的研制和加工复杂。有色金属元素在原矿中含量低，富集比都在几十、几百、几千甚至几万以上，导致在采矿、选矿和冶炼过程中固体废物多，节能环保压力大，工艺技术复杂。综合上述不难看出，有色金属产业是固体矿产资源开发利用领域最复杂的产业，有色金属知识领域宽广、博大精深。

建设现代化的有色金属工业强国是全行业360多万职工为之奋斗的目标。我相信，《丛书》的出版发行，对增进全社会对有色金属工业的了解，推动全行业广大干部职工学习和掌握有色金属知识必将发挥积极重要的作用。让我们行动起来，为促进我国有色金属工业的持续、稳定发展，为实现有色金属工业发展的既定目标而奋勇前进。

中国有色金属工业协会会长 陈全训

2012年8月于北京

前　言

钼是一种珍贵的稀有高熔点金属，是生产合金钢、不锈钢、耐热钢和合金铸铁等的重要合金化元素。钼及其合金具有良好的导热性、导电性、低线膨胀系数、耐高温性、低蒸气压、耐磨性、耐腐蚀性和化学稳定性等特性。钼的用途极广，它除了在冶金方面得到大量应用外，还在航空航天、机械制造、能源、化工（主要用作催化剂）、电光源、电子计算机、生物医学、润滑剂、抑烟剂、食品、涂料和化肥等许多方面得到了广泛应用，具有广阔的发展前景。

中国钼资源十分丰富。据国土资源部统计显示，中国钼查明资源储量已由2007年的1136万吨，增加到2010年的1400万吨，在短短的4年内，查明资源量就增加了264万吨，年平均增长率为

23.24%。按中国年钼产量10万吨计，中国钼资源可开发100多年，并且还在不断发现新的钼资源，如2011年中国又发现了几个新钼矿点，且均属大型钼矿，估计储量在500万吨左右。目前中国钼资源储量居世界第一位，是我国优势矿产资源。

2011年中国钼生产能力为28万吨/年，与2007年相比增长75%；2011年中国钼产量为9.53万吨/年，与2007年相比增长43.20%。2011年中国钼产量占世界钼总产量的37.23%，位居世界第一。

2011年世界钼总消费量为24.24万吨，其中中国钼消费量为6.7万吨，占世界钼总消费量的27.64%，居世界第一位，原来中国钼产品三分之二用于出口，现已变为三分之二用于国内消费。

综上所述，目前中国已成为世界钼的资源大国、生产大国和消费大国。但中国要将钼资源优势转化为经济优势，还需从扩大钼的国内消费入手，特别是钼在钢铁工业中的推广应用。

2011年中国粗钢产量为6.83亿吨，同比增长9.2%，占世界粗钢产量的45.5%，提高钼在钢铁工业中的应用，具有广阔市场。中国目前在高铁、造船、石油管道建设等方面都需要特钢，但目前中国特钢产量占总钢比例仅为6%～10%，低于15%～20%的世界平均水平，与工业化国家30%以上的水平相比，更是相差甚远，钼在钢铁中的消费量还有很大的挖掘潜力。中国在钼的采、选、冶、加工领域已形成完整的生产体系，基础雄厚，发展前景十分广阔。

中国有色金属工业协会为向全社会普及和宣传有色金属科学知识，决定组织编撰有色金属系列丛书，其中《中国钼业》安排钼业分会承担。

本书在编撰过程中，得到了金堆城钼业集团有限公司、洛阳栾川钼业集团有限公司、东台峰峰钨钼制品有限公司及自贡硬质合金有限责任公司的大力支持和帮助，在此一并表示感谢。

本书作者都是钼业界的专家、学者和领导者，他们将自己的实践经验和理论知识有机地融合于书中，使本书具有较强的实用性、知识性和可操作性，读者将受益匪浅。

由于时间仓促，缺乏经验，不妥之处和缺点在所难免，敬请广大读者批评指正。

编　者

2013年3月

目　录

第一篇

钼的发展史及钼的性质与用途

第一章 钼的发展史

第一节 钼的发现

钼主要以辉钼矿（MoS_2）的形式分布在自然界中，地壳中的平均丰度为 1.3×10^{-6}。18 世纪的希腊人把方铅矿叫做 molyldena，他们把外形和密度大体相同的辉钼矿误认为是方铅矿。1778 年，瑞典科学家卡尔·威廉·谢勒（Carl Wilhelm Scheele）用硝酸分解辉钼矿时得到钼酸，并获得了钼盐，同年制出了氧化钼，证实了钼的存在，并且借用希腊人的误解将其命名为 molybdos。1781 年，谢勒的同胞彼得·雅各布·耶尔姆（Peter Jacob Hjelm）用亚麻子油调过的木炭和钼酸混合物密闭灼烧成功地还原了这种氧化物，获得了一种黑色金属粉末，称这种金属粉末为“钼”（molybdenum）。1893 年，德国化学家 M. Moissan 用电炉加热炭和二氧化钼的混合物，得到含钼量为 92% ~96% 的铸态金属钼。20 世纪初，别尔齐利乌斯用氢还原三氧化钼，得到了更纯的金属钼。

第二节 钼的发展史

钼在18世纪才被发现，但很早就有应用，人们曾在14世纪的一把日本武剑中就发现含有钼。由于钼易氧化、脆性大，加之20世纪前钼的冶炼和加工技术有限，钼一直不能进行机械加工，在工业上无法进行大量应用，所用的仅是一些钼化合物，如作为磷试剂用的钼酸铵，作为颜料用的钼蓝和其他一些化合物。1891年，法国的斯奈德（Schneider）公司率先将钼作为合金元素生产了含钼装甲板钢，发现其性能优越，而且钼的密度仅为钨的一半，在许多钢铁合金中，钼可有效地替代钨，从而开始了钼在工业上的应用。1900年人们成功地研究出了钼铁生产工艺，同时发现钼钢能满足炮钢材料需要的特殊性能，致使钼钢的生产在1910年迅速发展。此后，钼成为耐热和防腐的各种结构钢的重要成分，也是镍和铬合金的重要成分。

金属钼的工业生产以及在电气工业上的广泛应用，大约是与金属钨在同一年代（1909年）开始的。这是因为生产这两种致密金属的粉末冶金法和压力加工工艺已研究成功，完全可应用于生产。另一个原因是第一次世界大战的爆发，导致钨需求的剧增和钨铁供应的极度紧张，致使钼在许多高硬度和耐冲击钢中取代钨。结果钼需求的增长促使了对钼需求量的进一步增加。这时，美国科罗拉多州的大型矿山克莱麦克斯（Climax）钼矿随之开发，并于1918年投产。

第一次世界大战的结束导致钼需求锐减，为了解决这个问题，人们开始开发钼在民用工业上的应用，不久对许多用于汽车工业的新型低钼合金钢进行了试验并得到认可。20世纪30年代得出了这样一个观点，那就是锻造和热处理钼基高速钢必须要求适当的温度，这是技术上的一个突破。从此，钼作为合金元素在钢铁和其他领域的开发研究进入了一个新的阶段。20世纪30年代末，钼已经是广泛使用的工业原料。1945年第二次世界大战结束，再一次刺激了钼在民用工业领域应用的开发与研究，加上战后重建给许多含钼工具钢的应用开辟了广阔的市场。在第二次世界大战期间，美国的克莱麦克斯钼业公司研究出真空电弧熔炼法，得到了重450~1000kg的钼锭，从此打开了用钼作结构材料的道路。不断发展的粉末冶金法在20世纪50年代已能生产重180kg以上的坯料。20世纪50年代后，钼的研究工作主要是积极探索耐热钼基合金的成分和生产工艺。而今，钼材料的高纯化、复合化、纳米化是研究的主要方向。

第二章　钼的性质与用途

第一节　钼的性质

钼和钨一样是一种难熔的稀有金属。自1778年瑞典科学家C. W. Scheele发现钼元素之后，经过十余年努力M. Moissan 才用电炉制得金属钼，使人类第一次得到这种具有优良物理、化学和力学性能的金属。钼及其合金在冶金、农业、电气、化工、环保和宇航等重要部门具有广泛的应用和良好的发展前景。

一、钼的物理和力学性能

纯钼是一种银白色金属，外形似钢。它的主要物理和力学性能如表 1-1 所示。

表 1-1 钼的物理和力学性能

原子序数		42
相对原子质量		95.94
晶体结构		体心立方
晶格常数/nm		0.31468
原子体积/$cm^3 \cdot mol^{-1}$		9.42
密度/$g \cdot cm^{-3}$		10.2
熔点/℃		2622 ± 10
沸点/℃		4804
升华热/$kJ \cdot mol^{-1}$		664.5（298K）
蒸发热/$kJ \cdot mol^{-1}$		589.66 ± 20.9
熔化热/$kJ \cdot mol^{-1}$		27.6 ± 2.9
比热容/$J \cdot (g \cdot K)^{-1}$		0.260（100℃）
热导率/$W \cdot (m \cdot K)^{-1}$		146.5（20℃）
电阻率/$\Omega \cdot cm$	0℃	5.2
	27℃	5.78
	727℃	23.9
	1127℃	35.2
	1330℃	41.1
	1730℃	53.1
	2327℃	71.8

续表 1-1

电阻温度系数/$℃^{-1}$		0.0047
电子逸出功/eV		4.37
热中子俘获面/b		2.7
辐射能/$W \cdot cm^{-2}$	730℃	0.55
	1330℃	6.3
	1730℃	19.3
	2330℃	70
硬度 HB	烧结钼条	1470 ~ 1568
	锻打钼条	1960 ~ 2254
	2mm 钼板	2352 ~ 2450
抗拉强度极限/MPa	钼丝（伸长率 2% ~5%）	1372 ~ 1568
	退火钼丝（伸长率 20% ~25%）	784 ~ 1176
	单晶钼丝（伸长率 30%）	343
弹性模量/MPa	丝材 D = 0.5 ~ 1.0mm 钼丝	$(2.79 \sim 2.94) \times 10^5$
	屈服点/MPa（未退火钼丝）	400 ~ 600
线膨胀系数/K^{-1}	0 ~ 20℃	5.3×10^{-6}
	25 ~ 700℃	$(5.8 \sim 6.2) \times 10^{-6}$
塑-脆转变温度/℃		-40 ~ +40

从以上钼所具有的物理和力学性能来看，钼具有以下几个重要的特点：

（1）熔点和沸点高，是典型的难熔金属。

（2）密度高（$10.2g/cm^3$），属重金属一类。

（3）弹性模量高，高温强度高，是作为高温结构元件的重要基体材料。

（4）蒸气压低，蒸发率随温度升高而增加慢，使钼能成为电光源的一种重要材料而被广泛应用。

（5）线膨胀系数低，与玻璃的线膨胀系数接近，与玻璃封接有很好的气密性，也是钼在电真空、电光源中应用的重要特性。

（6）塑-脆转变温度高，使钼在常温下难以进行加工变形处理，因而其应用受到较大的局限。

二、钼的化学性能

钼是周期表中第五周期Ⅵ副族元素，原子序数为42。钼的外层电子结构为$4d^5 5s^1$，化合价为+2、+3、+4、+5、+6等，以+6价钼的化合物最稳定。低价化合物呈碱性，高价化合物显酸性。

常温下钼在空气中是稳定的。当温度在400℃时发生轻微氧化（可看到氧化色）；高于600℃时，钼迅速氧化成三氧化钼；高于700℃时，水蒸气将钼强烈氧化成二氧化钼（MoO_2）。

钼与氢一直到它的熔化温度都不发生任何化学反应。但钼在氢气中加热时，能吸收一部分氢气生成固溶体，例如在1000℃时，100g金属钼能吸收0.5cm^3氢，在300℃时氢被细颗粒钼粉所吸收。

低于1500℃，钼与氮不发生反应；高于1500℃时，钼与氮发生化学反应生成氮化物；假如氮的压力低，到2400℃都还看不到发生反应。

碳、碳氢化合物和一氧化碳从800℃开始，就与钼相互作用而生成碳化钼（Mo_2C）。二氧化碳在700℃以上时，使钼氧化。

氟与钼在常温下就能发生化学反应，生成具有挥发性的氟化钼（MoF_6）。氯与钼则在高于250℃才能相互作用，生成具有挥发性的氯化钼（$MoCl_5$）。当有水分存在时，全部卤族元素在室温下均对钼起作用。

硫蒸气需在高于440℃、而硫化氢则需在高于800℃才能与钼发生反应生成二硫化钼（MoS_2），含硫气体在700～800℃也能氧化金属钼。

温度高于1200℃时，钼与硅相互作用生成二硅化钼（$MoSi_2$）。当温度一直升到1500℃时，二硅化钼在空气中非常稳定。

在常温下，钼在盐酸和硫酸中是稳定的，当加热到80～100℃时，钼就稍许溶解。金属钼在常温下能缓慢地溶解于硝酸和王水中，加热时溶解速度加快。

金属钼在过氧化氢中溶解并生成过钼酸——H_2MoO_6和$H_2Mo_2O_{11}$。

钼在氢氟酸中是稳定的，但在氢氟酸和硝酸混合液中迅速溶解。当硝酸：硫酸：水的体积比＝5：3：2时，组成的混合液可以作为钼的溶解剂。缠绕钨线圈的钼芯就是用这种混合液溶解的。

钼在常温的碱溶液中是稳定的，但在热碱溶液中被轻微腐蚀。熔融碱能强烈地氧化金属钼，如有氧化剂存在，钼的氧化程度更为剧烈，生成钼酸盐。

（一）钼的氧化物

钼能生成一系列氧化物，最稳定的氧化物是三氧化钼（MoO_3）和二氧化钼（MoO_2）。此外，钼还能生成若干种中间氧化物，该系列氧化物相应的成分是 Mo_nO_{3n-1}（如 Mo_9O_{26}、Mo_8O_{23}、Mo_4O_{11}）。

（1）三氧化钼。三氧化钼（MoO_3）是生产金属钼不可缺少的中间化合物。它可由金属钼或它的低价氧化物氧化时生成，或氧化焙烧辉钼矿矿物（MoS_2）得到。三氧化钼是略带浅绿的白色粉末，加热变黄，密度为 4.69g/cm^3，熔点为 795℃，沸点为 1155℃；在 800～1000℃ 的蒸气中，主要以聚合分子$(MoO_3)_3$ 的形式存在，温度高于 600℃ 时显著升华；它的生成热为(745 ±6.3)kJ/mol，在 800～900℃ 下可被氢还原成金属钼。三氧化钼主要为酸性氧化物，但具有某些两性的性质，故能与碱及某些强酸反应。20℃ 时，三氧化钼在水中的溶解度为 0.4～2g/L，溶液呈酸性（pH =4～4.5）。三氧化钼与酸、碱的反应如下：

与酸作用：

$$MoO_3 + H_2SO_4 = MoO_2SO_4 + H_2O$$

$$MoO_3 + 2HCl = MoO_2Cl_2 + H_2O$$

$$MoO_3 + 2HNO_3 = MoO_2(NO_3)_2 + H_2O$$

与碱作用：

$$2MeOH + MoO_3 = Me_2MoO_4 + H_2O$$

（Me^+ 代表 K^+、Na^+、NH_4^+）

三氧化钼在碱和氨的水溶液中溶解并生成钼酸盐，它和三氧化钨相互间不生成固溶体。

（2）二氧化钼。二氧化钼（MoO_2）是在450～470℃用氢还原三氧化钼得到的深褐色粉末，密度为6.34g/cm^3，生成热为590kJ/mol。二氧化钼实际上不溶于水、碱和非氧化性酸的水溶液，硝酸可将MoO_2氧化成MoO_3。二氧化钼结晶呈金红石型晶格，晶格常数为$a=0.486$nm和$c=0.279$nm。

（3）中间氧化物。中间氧化物是用氢还原MoO_3，或使MoO_2氧化，或在惰性（氮）气氛中加热MoO_3和MoO_2混合物，按一定配比的MoO_3和钼粉均可生成中间氧化物。Mo_4O_{11}呈蓝紫色，Mo_8O_{23}和Mo_9O_{26}呈蓝黑色。Mo_4O_{11}微溶于水、硫酸、盐酸以及稀碱溶液。

（二）钼酸和钼酸盐

（1）正钼酸。MoO_3与H_2O形成正钼酸H_2MoO_4（$MoO_3 \cdot H_2O$），亦存在$MoO_3 \cdot 2H_2O$和$MoO_3 \cdot 0.5H_2O$。$MoO_3 \cdot 2H_2O$在33℃以下稳定，高于33℃分解为$MoO_3 \cdot H_2O$，在120℃时进一步分解为MoO_3。钼酸具有两性，以酸为主。钼酸和MoO_3一样，既可溶于酸，又可溶于碱。

（2）钼酸铵。在25℃和85℃下MoO_3-NH_3-H_2O系中，不同的条件将析出单相钼酸铵（正钼酸铵，$(NH_4)_2MoO_4$）、二钼酸铵（重钼酸铵，$(NH_4)_2Mo_2O_7$）、仲钼酸铵（$(NH_4)_6Mo_7O_{24} \cdot 4H_2O$）及八钼酸铵（亦称8/3钼酸铵，$(NH_4)_6Mo_8O_{27} \cdot 4H_2O$）等化合物。仲钼酸铵加热到245℃或将钼酸铵溶液中和到pH＝2～3时得到四钼酸铵（亦称多相酸铵或无水八钼酸铵，$(NH_4)_4Mo_8O_{26}$)。

（3）二钼酸铵。（二钼酸铵）在水中的溶解度大，且随溶液中游离 NH_3 浓度而变。二钼酸铵在空气中加热，则将按以下顺序分解：

$$(NH_4)_2Mo_2O_7 \xrightarrow{225℃} (NH_4)_2Mo_3O_{10} \xrightarrow{约250℃}$$

$$(NH_4)_4Mo_8O_{26} \xrightarrow{360℃} MoO_3$$

（4）仲钼酸铵。分子式为 $(NH_4)_6Mo_7O_{24} \cdot 4H_2O$ 或 $3(NH_4)_2O \cdot 7MoO_3 \cdot 4H_2O$，一般认为第二个分子式比较正确。仲钼酸铵系当 $NH_3 : MoO_3$ 等于或稍大于 6∶7 时，从氨溶液中结晶出盐。蒸发溶液（把铵除去）或中和溶液（化合部分铵）都可以达到这一比例。仲钼酸铵在空气中是稳定的，它的水溶液呈弱酸性，在 20℃ 水溶液中的溶解度为 300g/L，在 80～90℃水溶液中的溶解度为 500g/L。在 150℃时开始分解并析出氨，转化为四钼酸铵 $(NH_4)_2O \cdot 4MoO_3$。加热到 350℃时，氨全部被除掉剩下 MoO_3。仲钼酸铵是最常见的商品和生产三氧化钼的原料。仲钼酸铵在空气中加热按以下顺序分解：

$$(NH_4)_6Mo_7O_{24} \cdot 4H_2O \xrightarrow{约130℃} (NH_4)_4Mo_5O_{17} \xrightarrow{245℃}$$

$$(NH_4)_6Mo_8O_{26} \xrightarrow{360℃} MoO_3$$

（5）四钼酸铵。分子式为 $(NH_4)_2Mo_4O_{13}$ 或 $(NH_4)_2O_2 \cdot$

$4MoO_3$，用酸中和钼酸铵溶液使其 pH = 2 ~ 3 时，便析出四钼酸铵。pH = 3 时，四钼酸铵的溶解度（换算成 MoO_3）为 0.5 ~ 1.0g/L。

第二节　钼的用途

钼的应用领域为：钢铁冶炼（其中包括合金钢、不锈钢、工具钢、高速钢、铸铁和轧辊）、化工产品、金属钼制品、高温高强度合金和特殊合金。

一、钢铁工业

钼作为钢的合金化元素，可以提高钢的强度，特别是高温强度和韧性；提高钢在酸碱溶液和液态金属中的抗蚀性；提高钢的耐磨性和改善淬透性、焊接性和耐热性。钼是一种良好的形成碳化物的元素，在炼钢的过程中不氧化，可单独使用也可与其他合金元素共同使用。

二、农用肥料

近年来国内外广泛地采用钼酸铵作为微量元素肥料，能显著地提高豆类植物、牧草及其他作物的质量和产量。钼也能促进植物对磷的吸收和在植物体内发挥其作用，还能加快植物体内糖类的形成与转化，提高植物叶绿素的含量与稳定性，提高维生素 C 的含量。不仅如此，钼还能提高植物的抗旱抗寒能力以及抗病性。

三、电子电气

钼有良好的导电和高温性能，特别是与玻璃的线膨胀系数极其相近，被广泛地用于制造灯泡中螺旋灯丝的芯线、引出线、挂钩、支架、边杆及其他部件，在电子管中做栅极和阳极支撑材料。钼丝是理想的电火花线切割机床用的电极丝，可切割各种钢材和硬质合金，加工形状极其复杂的零件，其放电加工稳定，能有效地提高模具的精度。

四、汽车喷涂

钼有良好的高温性能和耐腐蚀性能，钼与钢铁的结合力强，因而是汽车部件生产中主要的热喷涂材料，喷射钼的致密度可达99%以上，结合强度接近100MPa。这一工艺过程能有效地改善受磨面的耐磨性，也提供了一个可以浸渍润滑油的多孔表面。它广泛地应用于汽车工业以提高活塞环、同步环、拨叉和其他受磨部件的性能，也用于修复磨损的曲轴、轧辊、轴杆和其他机械部件。

五、高温元件

钼的纯度高、耐高温、蒸气压低等特性，使之常常被用来制造高温炉的发热体和结构材料。在钨钼及硬质合金生产过程中，大都采用钼丝加热的方式制作还原炉和烧结炉，这类炉子一般为还原性气氛或非氧化性气氛。在氢气和分解氨中钼丝可使用至接近熔点，氮气中可使用至2000℃。钼还可用作玻璃熔化高温结构材料，如导槽、管子、坩埚、流口以及稀土冶炼的搅拌棒。以钼代铂在玻璃纤维拉丝炉上使用效果良好，大大降低了生产成本。

六、硅化钼

硅化钼（$MoSi_2$）是一种应用极为普遍的电热元件材料，具有抗高温氧化、优异的耐蚀性能和高熔点等特性。其抗氧化性是由于在加热表面形成了不透气的玻璃薄膜，使之不受氧、氮、一氧化碳和二氧化硫的破坏，在 1700 ~ 2000K 温度下，二硅化钼受热可以工作两三年之久。但低劣的力学性能会影响硅化钼的应用，如果在硅化钼中加入 SiC 形成一种复合材料，这种材料将碳化硅弥散进二硅化钼的基体中，生成含有钼原子和硅原子的双金属化合物，其高温强度较二硅化钼单体高 8 倍之多，使其应用前景大受青睐。

七、石油开采

在开发低洼地区酸性天然气、油田和开发海底油气田时，会有大量的 H_2S 气体产生，此外海水的浸蚀使钻探管道硫化发脆，迅速腐蚀，而选用含钼高强度不锈钢管可有效地抵抗 H_2S 气体和海水的腐蚀，大大节约钢材，降低油气井的钻探成本。

钼不仅可以应用于油气田钻探管道方面，还常常与钴、镍相结合作石油提炼预处理的催化剂，主要用于石油、石油化学产品及液化煤的脱硫。

八、环境保护

人们越来越清楚地认识到，钼在控制环境污染方面起着重要的作用，含钼不锈钢的大量应用，大大减少了由锈蚀而对环境造成的影响；另外钼及其化合物大都没有毒性，利用比较安全的钼取代有毒的金属，也是钼对人类环境保护的一大贡献。在油漆和颜料工业中钼可取代有毒的铬、铅等金属，并且是高效的着色剂。在化学制品行业可取代防腐剂中的铬和阻燃物、硝烟物中的锑。钼在水处理工业中的应用也具有潜力。有人还提出钼可以改善玻璃化土壤，简化高污染土壤的处理，减少土壤污染。

九、航空及核工业

钼合金由于有极好的耐热性能和高温力学性能，可作航空器发动机的火焰导向器和燃烧室，宇航器液体火箭发动机的喉管、喷嘴和阀门，重返飞行器的端头，卫星和飞船的蒙皮、船翼及导向片和保护涂层材料。用金属钼网做成人造卫星天线，可以保持其完全抛物的外形，而较之石墨复合天线质量更轻。巡航式导弹使用钼涂层材料作汽轮转子，在1300℃高温下工作，每分钟转速高达4万～6万转，已显示出良好的效果。

十、钼合金及其他

在钼中添加Ti、Zr、C的氧化物或碳化物，形成弥散强化合金 TZM。TZM 合金除应用在宇航和核工业外，还可以作 X 射线旋转阳极零件、压铸模具和挤压模具。TZM 合金还非常适合做不锈钢热穿孔顶头，穿孔钢管内壁质量好，使用寿命长。加入少量稀土元素的 TZM 合金有较高的再结晶温度，再结晶时的延性较普通钼材高 5 倍，也有良好的应用前景。

十一、碳化钼（Mo_2C）

碳化钼和碳化钨混合，加入适当的镧粉，烧结成硬质材料，经粗碎后加入一定量的镍，采用通常的生产硬质合金的方法，可得到黏结相分布良好、致密和细化的碳化钼基硬质合金。碳化钼也可添加到金属陶瓷中，以改善其性能。

十二、钼化工产品

钼与铬、铝的盐类可以共同沉积而生成钼铬红颜料，钼酸根离子与金属表面的铁离子形成难溶的 $Fe_2(MoO_4)_3$，从而使金属表面钝化，达到防锈的效果。其颜色变化由淡橙色到淡红色，有着较强的覆盖能力，且颜色鲜艳，主要用于涂料、塑料、橡胶、油墨、汽车和船舶涂料等领域。二硫化钼（MoS_2）是一种良好的固体润滑剂，在工业应用中起着十分重要的作用。它具有非常低的摩擦系数（0.03 ~ 0.06），高的屈服强度（3.45MPa），能在高温（350℃）和各种超低温条件下使用，在真空条件下甚至可以在 1200℃ 正常工作，特别在高速运转的机械部件中有着十分优良的润滑作用。因而，在汽轮机、燃汽轮机、金属轧辊、齿轮齿、模具、汽车及宇航器械上得到广泛使用。

第二篇

钼的赋存形态、分布及勘探

第一章　钼的赋存形态及分布

第一节　钼矿的赋存形态

钼在自然界不存在自由态和天然态，只以化合物的形式与其他金属元素共生，含钼的矿物种类不多，现已知的有24种。这些矿物主要分两大类：硫化钼矿和氧化钼矿。

一、辉钼矿（MoS_2）

辉钼矿是一种质软并带金属光泽的铅灰色矿物，呈鳞片状或薄板样的晶体，具有层状六角型晶格。它的密度为4.7～4.8g/cm^3，莫氏硬度为1.0～1.5，熔点在1850℃，不导电。辉钼矿中常含有类质同象的铼（Re），含量可高达0.33%。在空气中加热至400～500℃时，二硫化钼开始氧化生成三氧化钼（MoO_3），加热至720℃左右时其蒸气压达到0.08kPa。在隔绝空气的条件下，加热到1300～1500℃，辉钼矿矿物部分离解；加热到1650～1700℃开始熔化分解。辉钼矿能被硝酸和王水分解。

二、钼酸钙矿（$CaMoO_4$）

含 $MoO_3$72%，含 CaO 28%，密度为 4.3～4.5g/cm^3，莫氏硬度为3.5，性脆，金刚光泽，易溶于酸碱溶液。钼酸钙矿石中常混入类质同象的钨。

三、彩钼铅矿（$PbMoO_4$）

含 Mo 26.1%，含 Pb 56.4%，有时还含有少量 CaO、CuO、MgO、WO_3 等混合物。

四、铁钼华［$Fe_2(MoO_4)_{3.8}H_2O$］

含 Mo 39.8%，密度为2.99～4.5g/cm^3，莫氏硬度为1.5，性脆易成粉末，亮黄色，丝绢光泽，易溶于酸、碱及氨水。

五、钼华（MoO_3）

含 Mo 66.7%，含 O 33.3%，密度为4.5～4.74g/cm^3，莫氏硬度为1～2，熔点为795℃，沸点1155℃，稻草黄色，条痕白色，微溶于水，易溶于氨水或碱液。

第二节　钼矿资源的分布

一、世界钼资源的分布

据美国地质调查局（USGS）和中国国土资源部

（MLR）的统计数据显示，截至2010年底，世界钼储量和基础储量分别为830万吨和1850万吨，集中分布在美国、中国、智利、加拿大和秘鲁等国，当年上述5国的钼储量和基础储量均占到了全球总量的80.7%。当前全球钼储量的静态保障年限为40.5年（按照2010年全球钢铁行业、化工行业和金属制品行业共消费钼产品20.51万吨计算），钼资源保障经济发展需要的程度较高。

二、中国钼资源的分布

据中国国土资源部（MLR）统计数据显示，截至2010年底，中国钼储量为150万吨，基础储量为463万吨，钼储量和基础储量分别占全球总量的18.1%和25%，储量排名位列全球第二，储量的静态保障年限为25年，是中国的优势矿产资源。河南、吉林、陕西、辽宁4省的储量占全国总储量的87.6%。

中国钼矿探明储量虽多，但其品位与世界主要钼资源国美国和智利相比，显著偏低，多属低品位矿床。矿区平均品位小于0.1%的低品位矿床，其储量占总储量的65%（其中小于0.05%的占10%）；中等品位（0.1%～0.2%）矿床的储量占总储量的30%；品位较富的（0.2%～0.3%）矿床的储量占总储量的4%；品位大于0.3%的富矿储量占总储量的1%。

中国钼矿虽然品位低，但伴生有益组分多，如铁、铜、铼、铀、钨、锡等，经济价值较高。

中国钼矿的规模大，并且多适合于露采。据统计，储量大于10万吨钼的大型钼矿，其储量占全国总储量的76%；

储量在1万~10万吨钼的中型矿床，其储量占全国总储量的20%。适合于露采的钼矿床储量占全国总储量的64%。大型矿床大多可以露采，而且辉钼矿的颗粒往往比较粗大，属于易采易选型。就矿石类型来看，在中国已探明的钼矿储量中，以硫化钼矿石为主，其储量约占钼矿总保有储量的99%，而氧化钼矿石、混合钼矿石及类型不明的钼矿石只占全国总保有储量的1%。

中国钼矿的另一个特点是地质工作程度比较高。经过地质工作达到勘探程度的储量占总保有储量的50.5%，达到详查程度的储量占41.8%，两者合计，详查以上工作程度的储量占到全国钼矿总保有储量的92.3%。

第二章 钼的勘探

第一节 钼矿床的分类

钼矿床按其矿床规模可分为：小型（钼金属储量小于1万吨），中型（钼金属储量1万~10万吨）、大型（钼金属储量10万~50万吨）、超大型（钼金属储量大于50万吨）四类矿床。

第二节 钼矿床的工业类型

按工业类型分类：根据矿床开发利用的需要，主要按照它的物质组成、性能和用途，并以矿床成因类型为基础所进行的分类。

一、斑岩型钼矿

斑岩型钼矿具有以下特点：

（1）成矿地质特征：产于花岗岩及花岗斑岩体内部及其周围岩石中，矿化与硅化、钾化关系密切。

（2）常见金属矿物：以黄铁矿、辉钼矿、黄铜矿为主。

（3）矿体形状：层状、似层状、筒状、巨大透镜状。

（4）规模及品位（质量分数）：中、大型至巨大型，品位偏低。

（5）伴生组分：铜、钨、银、铼、铅、锌、钴、硫。

（6）矿床实例：陕西金堆城、吉林大黑山、山西繁峙后峪。

二、矽卡岩型钼矿

矽卡岩型钼矿具有以下特点：

（1）成矿地质特征：产于花岗岩类岩体与碳酸盐围岩接触带，以及外接触带沿层发育。

（2）常见金属矿物：以黄铁矿、辉钼矿为主，次为黄铜矿、磁黄铁矿、黑钨矿、白钨矿、方铅矿、闪锌矿。

（3）矿体形状：透镜状、扁豆状、似层状、囊状、筒状、脉状等。

（4）规模及品位（质量分数）：大、中、小型均有，品位较富。

（5）伴生组分：铜、钨、铅、锌、金、铼、硫。

（6）矿床实例：辽宁杨家杖子、黑龙江五道岭、江苏句容铜山、湖南柿竹园。

三、脉型钼矿

脉型钼矿具有以下特点：

（1）成矿地质特征：产于各种岩石（侵入岩、喷出岩、变质岩、沉积岩）的断裂带中，倾斜常陡。

（2）常见金属矿物：以黄铁矿、辉钼矿为主，次为黄铜矿、磁黄铁矿、黑钨矿、斑铜矿、方铅矿、闪锌矿。

（3）矿体形状：脉状、复脉状、扁豆状。

（4）规模及品位（质量分数）：中、小型常见，品位中等。

（5）伴生组分：铜、钨、铅、铼、硫、金、银。

（6）矿床实例：浙江青田石坪川，安徽太平萌坑、铜牛井，广东五华白石嶂，陕西大石沟。

四、沉积型钼矿床

沉积型钼矿床具有以下特点：

（1）成矿地质特征：砂岩型分为两种：1）钼铜矿床；2）钼铀矿床，黑色页岩型，类似沉积岩型镍矿。

（2）常见金属矿物：辉铜矿、黄铁矿、辉铜矿及含铀钼矿物、镍的硫化物。

（3）矿体形状：层状、似层状、透镜状、扁豆状。

（4）规模及品位（质量分数）：中、小型，品位偏低。

（5）伴生组分：铜、铀、镍、钒、铅、锌、钴、锗、硒。

（6）矿床实例：云南广通鹿子湾，贵州兴义大际山。

第三节 地质工作方法

钼矿地质勘查分为：预查、普查、详查、勘探（地质勘探、开发勘探）四个阶段。

一、钼矿预查

目的：初步了解预查区内钼资源远景，提出可供普查的矿化潜力较大的地区，并为发展地区经济提供参考资料。

（1）通过收集地质、矿产、物探、化探和遥感探矿工程等各种有关信息及研究成果，了解区域地质及矿产信息，选定钼成矿条件较好的找矿远景区进行预查。

（2）对钼矿有成矿远景地区内有成矿条件的地质异常点，通过一定量的地质工作进行初步评价。

（3）查明远景区内主要地质异常特征及分布范围，大致了解有钼矿物的成分及品位、矿体厚度、产状、矿物成分、矿石结构构造和自然类型等。

（4）对发现的钼矿体可以通过少量矿石进行类比研究，做出是否可选的判断和预测。

（5）大致了解该区水文地质、工程地质及环境地质条件。

（6）如发现钼的工业矿体，应大致了解与钼元素共生、伴生矿产（如铀、铜、铼、钨等）的地质特征。

手段：远景区内资料的综合研究、类比及初步野外观测，极少量的工程验证。

二、钼矿普查

目的：对已知矿化区作出初步评价，对有详查价值的地段圈出详查区范围，为发展地区经济提供基础资料。

（1）通过收集分析资料和一定量的野外地质工作，初步查明普查区内地层、构造、岩浆岩等地质情况。

（2）选用有效地质手段（地质填图、物探、化探等）寻找、发现与评价各类地质异常，大致查明钼矿体的分布、规模、产状和矿石质量等情况。评价区内是否有进一步工作价值的矿体，为进一步开展勘查工作提供依据。

（3）通过有限的样品分析，大致查明钼矿石矿物、脉石矿物的种类、矿石品位、物质成分、结构构造特征、矿石自然类型等情况，初步评价钼矿石的经济价值。

（4）一般进行矿石可选（冶）性能的对比研究，做出工业利用方面的初步评价。

（5）对已基本确定具有工业价值前景的钼矿床，应初步了解矿区地质水文条件；矿区内环境地质状况；矿区内矿体及围岩工程地质条件，为是否可以进一步开展地质工作提供依据。

（6）工作中如发现具有工业经济价值的共生、伴生矿产（如铀、铜、铼、钨等），应大致查明其种类、含量、赋存状态，并研究其综合利用的可能性。

手段：对钼矿化潜力较大的地区开展地质、物探、化探工作和有限的取样工程，以及可行性评价的概略研究。

三、钼矿详查

目的：作出是否具有工业价值的评价，圈出勘查区范围，为勘探提供依据，并为制定矿山总体规划、项目建议书提供资料。

（1）通过1∶25000～1∶2000甚至1∶1000地质填图基本查明主要地层、岩浆岩、构造、蚀变等地质特征与钼矿化的关系。

（2）通过系统取样工程基本查明钼矿体（夹石）规模、形态、产状及厚度与品位变化情况，钼矿体空间的连续性，矿床氧化带的分布特点。

（3）基本查明钼矿石矿物（辉钼矿、钼铜矿、钼白钨矿等）、脉石矿物的种类、含量、共生组合及矿石结构构造特征以及矿石中有用、有害组分种类、含量、赋存状态和分布规律，然后初步划分矿石自然类型和工业类型。

（4）进行矿石可选（冶）性试验或实验室流程试验，初步查明主要矿石类型的可选（冶）性能。

（5）初步划分矿床水文地质类型及确定水文地质条件

复杂程度；调查研究可供利用的供水水源的水量、水质条件，指出供水水源方向；初步划分矿床工程地质类型和确定工程地质条件复杂程度；基本查明矿区各种环境地质因素，分析其对矿山生产的影响，预测矿山开采对本区环境、生态可能产生的影响。

（6）基本查明有工业利用价值的共生矿产和伴生矿产的有用组分的种类、含量、赋存状态、分布特点及其与钼元素的相互关系，并进行综合评价，探讨其工业回收利用的可能性。

手段：对详查区采用各种勘查方法和手段，进行系统的工作和取样，并通过预可行性研究。

四、钼矿床地质勘探

目的：为矿山建设在确定矿山生产规模、产品方案、开采方式、开拓方案、矿石加工选冶工艺、矿山总体布置、矿山建设设计等方面提供依据。

（1）通过1∶10000～1∶2000（必要时可用1∶500）地质填图，加密各种取样工程及相应的工作，详细查明成矿地质条件及内在规律，建立矿床的地质模型。

（2）详细查明勘探范围内钼矿体（夹石）的数量、规模、特征、空间分布等，以及矿体氧化带空间分布特点。

（3）详细查明钼矿石各组分的种类、赋存状态和含量及分布规律，对共伴生矿产进行综合评价。

（4）采集具有代表性的样品进行实验室流程试验，必要时还需进行实验室扩大连续试验或半工业试验，为确定最佳工艺流程提供依据。

（5）对影响矿床开采的主要水文地质、工程地质、环境地质问题要详细查明，根据水文地质、工程地质、环境地质条件，划分矿床开采技术条件类型（简单、中等、复杂等三类），做出水文、工程、环境方面的总体评价，为矿山建设设计提供依据。

（6）对钼矿床中有工业价值的矿产选择合适的方法，详细估算相应类型的资源量。

手段：对已知具有工业价值的钼矿区或经详查圈出的勘探区，通过应用各种勘查手段和有效方法，加密各种采样工程以及可行性研究。

五、钼矿床开发勘探

目的：逐步检验与核实地质勘探所获成果，为矿山建设与生产的顺利进行提供更加可靠的矿产储量（高级储量与生产矿量）与地质资料；探明尚未发现或遗漏的隐伏矿体，扩大矿产储量，延长矿山寿命。

根据开发勘探的具体任务和顺序，将开发勘探划分为基建勘探、生产勘探与补充地质勘探。

（1）基建勘探：矿山投产前的矿山基建时期，为保证主体基建工程位置的正确选择、确定和顺利施工，为保证首采地段的试生产能够顺利进行而完成的勘探工作。

（2）生产勘探：在矿山投产后的生产时期，紧密结合矿山采矿生产的阶段开拓、矿块采准、切割与回采作业的程序，直接为采矿生产服务，并具有一定超前期的连续不断的勘探工作。按其具体任务和特点，又可将其顺序细分为开拓勘探、采准勘探和回采（或备采）勘探等更小的阶段。

（3）补充地质勘探：生产矿山的外围、深部、边部的地质找矿与勘探工作。

手段：对经过地质勘探阶段的矿床，通过进一步应用各种勘查手段和有效方法，加密各种采样工程（探采结合，充分利用以前的和生产阶段所获得的地质资料）。

第四节　钼矿床工业指标

钼矿床工业指标是指在现行的技术经济条件下，工业部门对矿石原料质量和矿床开采条件所提出的要求，即衡量矿体是否具有开采利用价值的综合性标准，是圈定矿体和计算资源储量所依据的标准，也是评价矿床工业价值、确定可采范围的重要依据。它主要有几个重要的参数，见表2-1。

表2-1　钼矿床工业指标

项　目	硫化矿石	
	露　采	坑　采
边界品位(质量分数)/%	0.03	0.03～0.05
最低工业品位(质量分数)/%	0.06	0.06～0.08
矿床平均品位(质量分数)/%	0.08～0.1	0.1～0.12
最小可采厚度/m	2～4	1～2
夹石剔除厚度/m	4～8	2～4

（1）边界品位。指划分矿与非矿界限的最低品位，即圈定矿体时单个矿样中有用组分的最低品位。

（2）最低工业品位。是指对工业可采矿体、块段或单个工程中有用组分平均含量的最低要求，亦即矿物原料回收价值与所付出费用平衡、利润率为零的有用组分平均含量。

（3）矿床平均品位。矿床中有用组分的总平均含量，是从整体上衡量矿床贫富程度的一项参数。

（4）最小可采厚度。指在一定的技术经济条件下，对有开采价值的单层矿体的最小厚度要求。

（5）夹石剔除厚度。指在储量计算圈定矿体时，允许夹在矿体中的非工业矿石（夹石）部分的最大厚度。

（6）损失率。采矿过程中损失的矿石（或金属）量与此采场（或采区）内所拥有的矿石储量的百分比。

（7）贫化率。由于混入废石或者高品位矿石流失而造成的矿石品位下降的百分率。

（8）回采率。矿石的工业储量减去开采过程中损失的工业储量对工业储量的百分比。

（9）储量。

1）储量：是指基础储量中的经济可采部分，是经过扣除了设计、采矿损失的可实际开采数量。储量分 3 种类型：

①可采储量（111）；

②预可采储量（121）；

③预可采储量（122）。

121 与 122 的区别是地质可靠程度不同，前者是探明的，后者是控制的。

2）基础储量：是查明矿产资源的一部分。其数量未扣除设计和采矿损失。基础储量分6种类型：

①探明的（可研）经济基础储量（111b）；

②探明的（预可研）经济基础储量（121b）；

③控制的经济基础储量（122b）；

④探明的（可研）边际经济基础储量（2M11）；

⑤探明的（预可研）边际经济基础储量（2M21）；

⑥控制的边际经济基础储量（2M22）。

其中111b、121b、122b分别与111、121、122的唯一区别就是前者未扣除设计和采矿损失。

3）资源量：是查明矿产资源的一部分和潜在矿产资源。资源量分7种类型：

①探明的（可研）次边际经济资源量（2S11）；

②探明的（预可研）次边际经济资源量（2S21）；

③控制的次边际经济资源量（2S22）；

④探明的内蕴经济资源量（331）；

⑤控制的内蕴经济资源量（332）；

⑥推断的内蕴经济资源量（333）；

⑦预测的资源量(334)。

第三篇

钼的采矿

第一章 钼的采矿方法概述

采矿方法就是根据矿床赋存要素和矿石与围岩的物理学性质等因素所确定的矿石开采方式。钼矿床开采方式分露天开采和地下开采两种开采方式。

第一节 露天开采

先将覆盖在矿体上面的土石剥掉（剥离），自上而下把矿体分为若干梯段，直接在露天进行采矿的方法就叫露天开采。

露天开采具有生产能力大、机械化程度高、安全与劳动条件好、矿石损失贫化小、开采成本低等优点。20 世纪 50 年代以来，国内外的露天开采得到了迅速发展，已经成为钼矿开采的主要方法。中国一些特大型钼矿床（如陕西金堆城，河南栾川上房沟、三道庄、南泥湖和吉林大黑山等）具有储量大、埋藏浅等特点，露天开采是中国钼矿的主要开采方法。现代露天采矿工艺技术的发展趋势是开采工艺的综合化，对于范围广阔、能力大的矿山，针对不同开采深度、不同地段和不同开采对象等特点，采用不同的开采工艺，并组成综合工艺，以实现优化开采效果。

第二节　地 下 开 采

全球钼矿地下开采产量所占比例虽然较小，但选用地下开采的矿山数量却较多。地下开采的采矿方法以采空区存在状态和维护方法为依据可以分为三大类：空场采矿法（自然支撑采矿法）、充填采矿法（人工支撑采矿法）和崩落采矿法。

一、空场采矿法

空场采矿法也称为自然支撑采矿法，适用于开采矿石和围岩都很稳固的矿床，空区在一定时间内，允许有较大的暴露面积。这种方法把矿块划分为矿房和矿柱，分两步进行回采，先采矿房，后采矿柱（或不采矿柱）。空场采矿法的优点是：成本低，生产能力大，劳动生产率高；基建时间比较短，比较容易达产。缺点是：留下大量矿柱和采空区，需要进行第二步回采和处理；由于地压随开采深度的增加而增加，因此在深部开采时，空场采矿法的应用受到限制。空场采矿法目前应用比较广泛的几种方法是：房柱法（包括全面法）、留矿法、阶段矿房法。

二、充填采矿法

充填采矿法是随着回采工作面的推进，逐步用充填料充填采空区的方法。适用于赋存条件和开采技术条件比较复杂、矿石稳固、围岩不稳固的矿床。主要特征是充填工序作为回采工作的必要步骤，充填体起着控制采场地压，支撑围岩，延缓和阻止采空区围岩被破坏和移动的作用。充填采矿法可以采用两步回采，在第一步回采时，随回采工作面的推进，充填采空区以防止围岩崩落；也可以一步或连续回采，回采和充填交替进行。充填采矿法的优点是：采、切工程量小，灵活性大；矿石损失、贫化小；能够比较有效地维护围岩，减少围岩的移动和防止大量冒落；对于薄矿脉或多品种矿石可以进行选别回采；可以防止矿床开采的内因火灾。缺点是：回采工艺和充填工艺复杂；充填和采矿互相影响，如果回采作业机械化不能妥善解决，则生产效率和生产能力都比较低；充填料的开采，加工、输送及其他一系列消耗使矿石成本较高。开采运输与堆积充填料这些工作所需要的费用占采矿成本的40%～50%；劳动强度大。近年来，无轨采矿、高分层落矿和充填系统自动化等技术的使用，使充填采矿法的成本下降，采场生产能力和劳动生产率提高，充填采矿法应用会继续增加。

三、崩落采矿法

崩落采矿法是一步回采的采矿方法，以崩落围岩的方法实现采场的地压管理。适用于地表允许塌落、矿石中等以上稳固的急倾斜原矿体。它的特点是随回采工作面的推进，强制（或自然）崩落围岩充填采空区，达到控制地压的目的。崩落采矿法的开采顺序就一个井田而言，一般是由上而下逐个阶段开采。当井田内有几个矿体时，应根据围岩崩落角确定相邻矿体的回采顺序，使回采工作相互不受地压活动的影响。

第三节 三级矿量

三级矿量是指开拓矿量、采准矿量、备采矿量的储备量。钼矿三级矿量保有期限定额为开拓矿量 3 年，采准矿量 1 年左右，备采矿量 6 个月左右。

三级生产储量是保证矿山正常生产的一项重要指标。三级生产储量如不足，将影响产量的稳定；如过多，会造成大量资金积压，而且还会引起某些生产经营费用增加，增大生产成本。合理储备三级储量，适合矿井生产能力要求，既保证三级储量数量要求，又保证三级储量在各矿体、各中段的空间布局合理，是保持矿山持续均衡生产的基础条件，是矿山生产管理带有全局性、根本性的课题。

第二章 采矿工艺

第一节 地下开采

通过掘进一系列运输、行人、通风、排水等井巷工程，从地下矿床的矿块里采出矿石的过程叫地下开采。地下开采分为矿床开拓、矿块采准、切割和回采四个步骤。

一、矿床开拓

从地面掘进一系列巷道通达矿体，使地面与地下形成完整的提升、运输、通风、排水以及动力供应等系统，以便把人员、材料、设备、动力和新鲜空气送入地下，同时把矿石、废石、矿坑水、污浊空气等送到地面，整个系统称为矿床开拓。

二、矿块采准

矿块采准是指按照预定的计划和图纸，掘进一系列巷道，把矿体划分为矿块，为切割和回采创造必要条件的一系列工程。

三、切割

矿块切割工在采准工作的基础上，为回采矿石开辟自由面和落矿空间，从而为矿块回采创造必要的工作条件。

四、回采

回采是从矿块里采出矿石的过程，是采矿的核心。回采通常包括3种作业：

落矿：将矿石以合适的块度从矿体上崩落下来的作业。

出矿：将采下的矿石从落矿工作面运到阶段运输水平的

作业。

地压管理：包括用矿柱、充填体和各种支架维护。

第二节　露天开采

根据露天矿山开采步骤，开采工艺分为穿孔、爆破、采装、运输、排岩五个环节。

一、穿孔

穿孔是矿床露天开采的第一道生产工序，在开采和剥离台阶上按一定的设计参数用穿孔设备钻凿一些垂直或倾斜的炮孔，以便装入炸药进行爆破，穿孔工作质量的好坏直接影响着爆破工序的生产效率与爆破质量。

二、爆破

爆破是露天开采的又一重要工序，通过爆破作业将整体矿岩进行破碎及松动，形成一定形状的爆堆，为后续的采装作业提供工作条件。爆破工作质量、爆破效果的好坏直接影响着后续采装作业的生产效率与采装作业成本。在露天开采的总生产费用中，爆破作业费用大约占15%～20%。按照生产阶段的不同，爆破可以分为基建期的剥离硐室爆破，生产期的正常台阶生产爆破以及靠帮并段的控制爆破。

三、采装与运输

采装与运输作业是密不可分的，两者相互影响、相互制约。如何选择采运设备，采运设备的规格与数量匹配是否合理，采装工作与运输工作的衔接是否流畅，这些都将大大地影响矿山企业的投资规模、生产效率与生产成本。目前，采装运输工艺的发展趋势主要体现在采运设备的大型化、采装与运输环节的一体化与连续化。采装作业的内容是利用装载机械将矿岩从较软弱的矿岩实体或经爆破破碎后的爆堆中挖取，装入某种运输工具内或直接卸至某一卸载点。露天矿运输作业是采装作业的后续工序，其基本任务是将已装载到运输设备中的矿石运送到贮矿场、破碎站或选矿厂，其中的岩石运往废石场。此外，还承担着露天生产中的辅助运输任务，即将生产过程中所需的人员、设备和材料运送到工作地点。

四、排岩

排岩工程是一项系统工程，其内容涉及废石的排弃工艺、废石场的建立与发展规划、废石场的稳固性、废石场污染的防治、废石场的复填等方面，现阶段排岩技术及排土场治理方面的趋势为采用高效率的排岩工艺与排岩设备，提高排岩强度；提高堆置高度，增加废石场单位面积的排岩容量，提高废石场的利用率，减少废石场的占地面积；适时进行废石场的复垦，减少废石场对生态环境的污染。

第三章　钼采矿装备

回顾钼矿采矿历史，生产率的阶梯形增长主要是由设备的进步而产生的。在过去的20多年里，钼矿采矿机械化程度得到快速发展，极大地改变了采矿方法和工艺，推动了采矿技术的发展。

第一节 露天采矿装备

钼矿属于硬岩矿山，露采工艺大体由穿孔、爆破、铲装、运输、排土五道工序构成。

一、穿孔设备

钼矿穿孔设备经历了“磕头钻”、喷火钻、冲击（潜孔）钻的发展历程，最终牙轮钻机以钻孔孔径大、穿孔效率高、作业成本低、机械化程度高等优点成为大中型露天钼矿目前普遍采用的穿孔设备。现在牙轮钻机已经具备自动化找平、自动接卸钻杆、自动润滑等局部自动化作业。国外普遍使用的有美国B-E公司、G-D公司和马里昂机铲公司生产的牙轮钻机，国产牙轮钻机有洛阳矿山机械厂、吉林重型机器厂、江西采矿机械厂生产的KY系列；长沙矿山研究院与衡阳有色冶金机械总厂合作研制生产的YZ-55型、YZ-35型及YZ-12型牙轮钻机。

二、装药设备

在露天作业中，机械装药是用装药车和混装车，运用与此相关的配套技术和设备进行装药作业，它是实现露天矿山爆破机械化的重要组成部分。混装炸药车是爆破作业中装药系统的关键技术，它集炸药运输、现场混装和装填炮孔于一体。世界大中型露天钼矿采用现场混装炸药技术和配套装药车已日益普及，生产实践表明，采用露天矿山混装炸药车技术，可以显著提高矿山爆破质量和生产效率，减轻工人劳动强度，降低爆破作业成本。炮孔充填机在减轻工人劳动强度、提高工作效率方面具有明显优势，近几年在一些大型露天矿得到推广应用。

三、铲装设备

现在大型钼露天矿使用的装载设备主要有电铲、液压挖掘机和轮式装载机 3 种。电铲一直是大型和超大型钼露天矿的主导装载设备；挖掘机和轮式装载机具有质量小、机动灵活、作业率高、投资少、设备更新快、易于实现无级调速和自动控制等特点。随着近代挖掘机和轮式装载机制造技术的进步，及大斗容轮式装载机和液压挖掘机的推出，这两种装载设备已经开始进入大型钼露天矿市场。

四、运输设备

大部分露天钼矿需要均衡配矿和多点作业，由于汽车运输具有机动灵活和爬坡能力大、转弯半径小等特点，故成为现代露天矿的理想运输设备。为适应露天矿向大型化发展的需要，近年来矿用汽车的有效载重也在不断提高，先后出现有效载重为 108t、154t、218t 和 275t 等的大型矿用汽车。

轨道运输是地下开采矿山主要的运输方式，在露天矿场的运输中也占有重要的地位。轨道运输的主要设备包括轨道、矿车、牵引设备和辅助机械设备等。

第二节 地下采矿装备

一、凿岩设备

采矿凿岩设备分为三类：气腿凿岩机、凿岩台车和潜孔钻机。凿岩台车有风动和全液压两种，同时又分为浅孔凿岩台车和深孔凿岩台车两类。

二、装运设备

大部分矿山目前已使用上了柴油或电动铲运机和地下卡车；铲运机经过不断的改进发展，推出各种新的型号，因而在地下采矿中应用日益广泛。目前大型地下钼矿采用的铲运机载重量已经达到20t左右。双机或多机牵引机车也被广泛应用，如HENDERSON钼矿用四台机车牵引同一列车。地下矿用汽车应用较为广泛，目前无人驾驶、自动导航、自动定位的地下运矿汽车，在国外一些钼矿投入运行。

三、提升设备

提升容器主要有箕斗和罐笼两种形式。箕斗的优点是质量轻，所需井筒断面积小，装卸载可自动化，且时间短，提升能力大；缺点是井底及井口需要设置矿仓和装卸设备，只能提升矿石，不能提升人员、设备、材料，井架较高，需要另设一套辅助提升设备。罐笼的优点是井底及井口不需要设置矿仓，可以提升矿石、废石，下放材料，升降人员和设备，井架较矮，有利于矿石分类运输；缺点是质量大，所需井筒断面积大，装卸不能自动化，而且时间较长，生产效率较低。

四、支护设备

近些年支护设备在地下矿山开采中发挥了重要作用，如混凝土管道输运机、喷射混凝土机、锚杆机等在井巷开挖支护中得到广泛应用，对提高支护质量，加快支护进度发挥着积极作用。

第四章　钼采矿技术进步与创新

第一节　钼采矿工艺创新

一、溶浸采矿技术

溶浸采矿技术是一新型低成本、能够回收赋存条件较差的低品位矿体的开采方法，在开采品位不断降低的趋势下，溶浸采矿技术以其能够回收复杂低品位矿石、废石、尾矿中的有用矿物等特点，将会得到快速发展。金堆城钼业集团有限公司实施完成了“低品位钼矿石浸出研究”项目，2005年到2007年上半年消化积累贫矿950余万吨，有效延长了矿山服务年限。

二、无废开采技术

金属矿山无废开采技术是近几年开发的新成果，符合国家产业政策和发展方向。

无废开采就是结合矿床开采工艺控制和消除危害源。无废开采工艺技术包含以下两个方面：减少废石的产出和排放；废石、尾砂充填采空区的工艺技术。由于此技术不产生废弃物，可充分利用矿产资源，提高企业的经济效益，避免废弃物对环境造成污染和危害，故已成为国内外采矿的主要发展方向。

三、露天转地下开采、地下转露天开采和露天-地下联合开采技术

（一）露天转地下开采

这是一种当矿床覆盖层转薄而延伸较大时，上部先用露天开采，下部转用地下开采的方法。露天转地下开采一般包括前期准备、基建期和产量过渡期等阶段，要做到稳产过渡大体需要4～10年的时间，露天转地下开采工程系统复杂，做到及时和稳定过渡是工程的关键。

（二）地下转露天开采

中国三道庄矿山经历了数年多单位地下无序开采，致使资源开采混乱、浪费严重。为了合理有序开采三道庄矿床，整合开采单位，采用了地下矿露天开采。该矿经过数年开

采，总结出一套处理地下采空区的比较成熟的技术，现在正在试验利用次品矿充填采空区的无废开采模式，成为为数不多的地下转露天开采的典型。

（三）露天-地下联合开采

这是在露天地下联合开采中发展起来的一种新型采矿方法。其实质是矿块或采区的上部为露天坑底，在采准、切割和回采过程中，将露天采矿技术和地下采矿技术有机结合起来回采矿石和进行采场地压管理。在矿体的一个垂直面上同时进行露天开采与地下开采。在不增加露天剥离量的前提下，安全高效地回采露天坑底或边坡下矿体。因而在空间结构和时间顺序上集成了露天高效率开采工艺、内排土优化技术、隔离过渡带延深采矿技术和高效率地下充填采矿技术。该工艺合理地利用露天与地下开采工程，科学地将露天采矿工艺与地下采矿工艺进行集成，实现了开采强度高、效率高、废料产出率低、产量均衡和开采成本低等主要目标，填补了国内空白，创新了国外技术。

第二节　新技术在钼采矿中的应用

一、数字化、智能化技术在采矿中的应用

现代采矿技术飞速发展，“数字化”、“智能化”已成为知识经济的重要标志。信息、定位、通讯和自动化技术正深刻地影响和改变着传统矿业沿袭百年的生产工艺和组织管理

模式。遥控采矿、无人工作面、无人矿井等已在加拿大、瑞典、美国、澳大利亚等国成为现实。加拿大 INCO 公司通过地下通讯、地下定位与导航、信息快速处理及过程监控，实现了对地下开采装备乃至整个矿山开采系统的遥控操作。

数字矿山是指人类在矿山地表和地下开采矿产资源的工程活动中所涉及的各种静、动态信息的全部数字化，并实行计算机网络管理，同时可运用空间技术与实时自动定位、导航技术对矿山生产工序实行远程遥控操作和自动化采矿的综合体系。共包含三个层次：矿山数字化信息系统、虚拟矿山、远程遥控操作及自动化采矿。智能化采矿技术在采矿技术先进的国家如加拿大、瑞典、美国、澳大利亚等国已有了较好的基础。中国数字矿山建设与矿业发达国家相比起步较晚，随着信息技术的迅猛发展和自主创新能力的不断提高，洛钼集团矿山公司针对三道庄露天矿生产规模大，生产环境复杂，要求钨钼综合配矿的特点，成功研发出生产调度自动化系统，其中包含 GIS 定位监控系统、梅特勒托利多计算机自动统计系统、自动化配矿系统和视频辅助监控系统四部分，实现了生产调度的自动化，极大提高了生产效率，全面提升了生产管理水平。金堆城钼业集团有限公司根据数字矿山概念、数字矿山的基本组成，结合金堆城数字矿山现状，进行了数字矿山的相应功能模块设计，提出了金堆城数字矿山建设的构想及实施方案。

二、先进设备、大型设备对采矿工艺的影响

工艺技术的进步往往借助于装备的改进与发展和设备的

选型与匹配。随着矿山开采规模的大型化，先进的采矿装备也具有大型化、自动化和智能化的特点。

近20年来，采矿设备大型化的趋势十分明显，特别是没有作业空间限制的露天设备，工作量达数百上千吨乃至数千吨，种类繁多。井下采矿设备也相应加快了大型化的步伐。

在采矿设备大型化的同时，随着微电子技术和卫星无线通讯技术的发展，采矿设备在开发和应用方面开始了自动化和智能化进程。无论是在露天矿还是地下矿，无人驾驶程式化控制和集中控制的采矿设备，已经进入实际应用的阶段。

采掘设备的远程遥控和自动化发展步伐日益加速，其追求的目标是使矿山生产更高效、更安全，更有利于进行信息化改造，使矿山企业获得更高的效益。国外一些矿山运输系统自动化达到相当高的水平，如HENDERSON钼矿用计算机自动控制整个运输系统，实现无人驾驶自动运行，遥控装载和自动卸载、自动配矿和定址、数据遥测和发送、电视监控等。中国矿山的采掘装备水平也在朝着无轨化、液压化的方向推进。各种类型的液压钻车、液压凿岩机、柴油或电动及遥控铲运机已成为普通的基本装备。装备大型化、微型化、系列化、标准化、通用化、无轨化、液压化、自动化程度越来越高。

在今后的20年里，完善的自动化和信息技术将会在采矿设备中得到广泛应用，也会在更大程度上改变采矿方法和提高采矿技术水平。

第五章 钼采矿的节能减排及新材料

第一节 新技术、新工艺与节能减排

矿山开采要消耗大量电能，变频技术在供风、通风、排水、凿岩及铲装等高耗能设备上的应用，极大地降低了矿山企业对电能的消耗，节能效果明显。

一、无（低）废采矿是采矿发展的必然趋势

无（低）废开采技术是最大限度地降低废物采出量或是采出的废物得到充分利用的一种理想状态下的开采技术，在前苏联、德国、加拿大、美国等国家均得以应用，而中国正处在研发阶段，尚未产业化。

针对钼金属矿床开采过程中产生最多的固体废料源——废石、尾矿，研究开发能有效减少废石产出量的露天与地下联合开采技术、能实现矿山废料资源化的高浓度全尾矿充填技术和自然级配废石胶结充填技术。其中，露天与地下联合开采技术是在一个矿体垂直面的上部与下部同时进行露天开采和地下开采，通过采矿系统优化解决露天开采废石排放这一矿山第一大固体废料源问题。高浓度全尾矿挤压输送充填技术是通过浓密、沉降两段全尾矿脱水等技术工艺，实现全部尾矿资源化和矿山尾矿零排放，为矿山废石资源化开辟一条有效的技术途径。

二、建立无生态危害的低废采矿系统

工业生产的集约化促进了矿物原料开采量的增长，随着开采深度的增大，矿石品位的降低，矿山废料量无疑将有增无减。由此可见，采掘工业同周围环境已保持不了平衡，而且如不考虑生态问题，则矿山原料基地进一步发展将是不可能的。通过对矿床综合开发理论与实践的分析，俄罗斯学者提出建立无生态危害的无（低）废采矿系统的三条途径。

（一）建立无（低）废采矿工艺

建立无（低）废采矿工艺，即直接在原地回收有用成分。如采用地下溶浸、溶化、熔炼、地下气化等工艺开采，这类工艺可减少矿物资源采掘量，从而减少废料量。

（二）采矿废料的综合利用

如用作生产建筑材料，筑路、充填采空区、土地复垦和贫瘠土地改良，回收有用成分，生产矿物化肥，用作其他工业部门的原料或添加剂、低级燃料等。

（三）将采（选）矿废料堆置井下矿房或露天采场的采空区

将采矿与选矿过程中的废料全部或部分堆置（贮存）在井下矿房或露天采场的采空区以供将来利用。具体做法是将废石表外矿石在空间上划分开来，尾矿按矿物组成和有用成分含量分别堆置。

三、新设备及设备大型化

近 30 年来，地下矿山依靠设备进步，大约使生产效率提高3～5倍或者更高。在露天矿依靠装备的大型化，极大地提高了生产效率。

另外，GPS、网络通讯、自动化、智能化管理平台，可提高矿山生产能力7%～10%，提高设备效率6%以上，并可相应减少设备事故，是节约投资和降低成本的一种行之有效的先进途径。

第二节 钼采矿的新材料

随着新材料技术的快速发展，新材料在矿山装备技术、爆破器材、数字化矿山、安全环保、灾害监测治理等方面应用越来越广。

一、非电毫秒延期导爆管

非电毫秒延期导爆管分为地表管和孔内管两种，由“塑料导爆管”和“非电毫秒延期雷管”两部分组成，塑料导爆管内有黑索金高能炸药与铝粉，引爆后以冲击波形式将爆炸能量高速传递至非电雷管毫秒延期雷管，通过地表、孔内网络连接，实现逐排或逐孔起爆，大大提高爆破效果。

二、数码雷管

数码雷管是利用微型电子芯片控制，取代传统电雷的延期药和电点火元件的高精度智能化爆破器材。数码雷管在0～16000ms范围内可按使用要求在使用现场任意设置延期时间，设置的延期时间不大于100ms时，延期时间偏差不大于0.5ms；设置的延期时间为100ms以上时，延期时间偏差不大于设定延期时间的0.5%。这不仅大大提高了延时精度，而且控制了通往点火头的电源，从而最大限度地减少了由引火头能量需求所引起的误差。

随着科学技术的进步，拓展了新材料的范围，推动了新材料向更高、更新方向发展。高性能结构材料的开发、应用，使一些机械设备的大型化、高效化、高参数化、多功能化有了物质基础。

第四篇

钼的选矿

第一章　钼选矿技术

第一节　钼碎矿技术

碎矿是选矿的准备作业之一，作用是将采矿场运来的大块矿石破碎为小块矿石使其能进入磨矿阶段。由于现有技术和经济条件的限制，不能把从矿山开采出的大块矿石一次破碎到入磨前的粒度，因此破碎是分阶段进行的，采用数台破碎机和筛分机组成联合作业，形成破碎流程。

钼矿石的破碎与其他黑色或有色金属矿石的破碎一样，没有什么特别的地方。钼选矿厂较常见的破碎流程有两段一闭路与三段一闭路两种。大、中型选矿厂一般采用三段一闭路流程，其碎矿的产品粒度可以达到12mm或更细些。小型选矿厂一般采用两段一闭路流程，其碎矿的产品粒度在20～25mm。

所谓“三段破碎”就是用破碎机三次破碎矿石，一次比一次破碎的更小。所谓“闭路”就是将最后阶段破碎出的块矿用筛子筛分，筛下物小块进入下道磨矿，筛上物大块返回再破碎。“多段破碎加筛分闭路”方法能达到花费较小的成本而实现大破碎比的目的。

一般情况下，入磨粒度越细，磨矿效率越高，钢球消耗量越低。相对于磨矿，碎矿耗能较少，钢耗更低。因此，“多碎少磨”已成为指导钼选矿厂设计、建设以及生产管理的重要工艺原则。

第二节　钼磨矿技术

磨矿是碎矿过程的延续，是矿石在选别前的最后一次加工。

磨矿的目的是使矿石中的有用成分全部或大部分达到单体分离，同时又要尽量避免“过磨”现象，并能达到选别作业要求的粒度，为选别作业有效地回收矿石中的有用成分创造条件。

由于辉钼矿原矿品位很低并具有良好的天然可浮性，选钼工艺通常分为粗选段和精选段，特点是“粗磨—粗选”与“多段再磨—多次精选”。其中“粗磨—粗选”工艺已经经典化，即磨矿采用粗磨工艺，大大节省磨矿费用，粗选采用简单工艺，多甩多丢，在技术上是合理的，经济上是合算的。因此，在磨矿技术上，国内钼选厂广泛采用传统的一段闭路磨矿流程，将球磨机与螺旋分级机（或旋流器分级）组成闭路作业。磨矿机排出的物料进入分级机，经粒度分级将细粒合格产品及时分出并送入选别作业，而粗粒级则返回磨矿机再磨，这既可提高磨机的台时处理能力，又可避免过磨，减少泥化现象。实际生产中，一段磨矿细度控制在74μm 占55% ~60%。

传统的碎磨流程工艺流程长、所用设备型号和数量多、基建投资和生产费用高，而半自磨工艺具有流程简单（省去了两段破碎机及筛分设备）、配置方便、投资省等优点，因而半自磨工艺在国内外已被越来越多的矿山所采用。

另外，立式磨擦洗技术逐渐应用于再磨精选工艺。选矿厂在工艺适当位置，设置立式螺旋搅拌磨矿机对浮选泡沫进行开路磨矿，采用摩擦研磨对矿物进行有效粉磨，采用擦洗搓洗掉矿物表面黏附的杂质及过剩油药，为浮选药剂在矿物表面的选择性吸附作用创造了有利条件。

第三节　钼浮选技术

辉钼矿在矿石中一般含钼量较低（0.1% ~0.2%），其性脆，有强的疏水性而易浮，常用浮选法回收。

由于辉钼矿在较粗粒度下就能浮起，并对钼精矿质量要求较高，因而处理时常采用一段粗磨粗选，粗选流程一般均采用较简单的一次粗选及1 ~3 次扫选，先浮出粗精矿，然后把粗精矿再磨（一段或两段），经过多次精选（7 ~8 次），最后得出合格的精矿。

“粗磨—粗选”与“多段再磨—多次精选”在获得高质

量、高回收率钼精矿的同时，又能尽量节省能耗，该工艺已成为钼矿生产通用流程。

第四节 钼浮选药剂

一、捕收剂

烃油是辉钼矿浮选最常用的捕收剂。在烃油中，最常用的是煤油、柴油和芳烃。国内大多数选钼厂和铜钼厂使用煤油，个别选厂使用柴油。为了提高油类捕收剂的作用，可添加辛太克斯、十二烷基硫酸盐等乳化剂将其乳化。辉钼矿的有效捕收剂还有十二烷基硫醇、戊黄烯酯等。

二、起泡剂

辉钼矿浮选时最常用的起泡剂是松醇油（2 号油），国内的选钼厂几乎均使用这种起泡剂。国外大多数选钼厂也使用它，部分选钼厂用甲基异丁基甲醇（MIBC），有的用道 250（DOW250），有的合用两种起泡剂。

近年来，国内钼选厂已用杂醇代替松醇油作起泡剂，解决了精选段泡沫发黏的问题。

三、抑制铜矿物浮选辉钼矿的药剂

氰化物：如氰化钾、氰化钠、氰化钙和氰化铵等。

硫化物：如硫化钠、硫氢化钠和硫化铵（多硫化铵）等。

诺克斯药剂：如磷诺克斯和砷诺克斯等。

铁氰化物、亚铁氰化物：如铁氰化钾和铁氰化钠、亚铁氰化钾、亚铁氰化钠等。

各类有机化合物：如含巯基和亲水基的有机化合物、巯基乙醇、巯基乙酸、巯基乙酸钠、N-巯基烷基酰胺系列等。

氧化剂：如高锰酸钾和过氧化氢等。

第五节　钼精矿脱水技术

钼精矿含水量是衡量其质量的标准之一。

辉钼矿磨矿和选别作业是在水中进行的，浮选得出的钼精矿以矿浆形式存在，含有大量的水分（约为精矿干量的4～5倍）。为了减少选矿厂新鲜水的消耗量（回水再用），同时便于储存、运输及满足进一步加工的需要，必须把钼精矿水分降到国家规定的标准。因此，脱水作业是选矿生产必不可少的重要环节。

由于钼精矿粒度较细（$-38\mu m$ 含量60%～70%），加之钼精矿产品水分限制较严，大中型钼选厂精矿脱水普遍采用浓缩、过滤和干燥三段脱水流程。一般浓缩产品的浓度约为30%～50%，过滤后滤饼的水分在15%～20%，干燥产品的水分在7%～8%。但必须指出，干燥脱水作业费用较高，而且精矿损失也比较大。所以，小型钼选厂常用浓缩、过滤两段脱水流程。

第六节 钼精矿配矿技术

配矿的目的是控制出厂钼精矿质量的均匀性和稳定性。

组配的过程是根据每个班次的钼精矿的钼品位、铜铅等杂质含量、水分等指标进行计算的，然后依照产品出厂标准将不同班次的钼精矿进行搭配并混合均匀，再采样分析验证，合格后包装出厂。一般每批净重为10t。

第七节 钼精矿的经济技术指标

钼精矿是生产工业氧化钼并进而生产高溶氧化钼、钼铁、钼酸铵、钼粉、钼棒、钼丝、钼箔等的基本原料，钼精矿中的有害杂质会对其深加工或深加工后的产品产生不良影响。所以，用户对钼精矿的质量有严格要求，并且制定了苛刻的扣价规定。中国钼精矿质量标准执行国家标准 GB 3200—89。按钼品位由低到高，标准将钼精矿依次分为45、47、49、51、53五个等级，主要杂质含量限制为：二氧化硅6.5%～13.0%、铜0.28%～0.15%、铅0.3%～0.15%。

中国大中型选钼厂的钼精矿品位多为47%～53%，杂质含量为：二氧化硅6%～10%、铜0.2%～0.15%、铅0.1%～0.06%，钼选矿回收率在86%～89%。个别选厂可生产含Mo不小于57%、Cu含量不大于0.10%、Pb含量不大于0.042%的高品质钼精矿。选钼主要材料消耗（按处理矿石计）为：钢球0.6～1.0kg/t矿、捕收剂（煤油或柴油）130～160g/t矿、起泡剂（2号油或杂醇类）30～40g/t矿、抑制剂（巯基乙酸钠）10～15g/t矿。

中小型选钼厂由于工艺不完善或技术装备落后等，钼精矿品位稍低，一般为40%～45%左右，回收率在70%～80%。钼精矿含铜、铅超标，主要材料消耗相对较高。

第二章　钼选矿装备

钼选矿工艺技术与选矿设备的发展是同步的，设备的技术水平不仅是工艺水平的最好体现，也直接影响着生产过程的畅通和效率，影响着产品的质量和数量以及综合经济效益。因此，国内钼矿山选矿技术装备水平不断提升。

第一节　钼碎矿装备

根据矿石的尺寸，破碎通常分为粗碎、中碎及细碎。粗碎一般都用颚式破碎机（又称老虎口）或大的旋回破碎机，中碎和细碎常用标准圆锥破碎机和短头圆锥破碎机（弹簧式或液压式）。在某些情况下，也有使用辊式破碎机和冲击式破碎机。

近年来，国内新建或改建钼选厂中细碎设备大多引进国外高能圆锥破碎机，应用较多的主要有芬兰美卓生产的HP多缸系列圆锥破碎机，瑞典山特维克生产的H系列单缸液压圆锥破碎机。HP 系列最新、最大规格的是 HP800 圆锥破碎机，内蒙古乌山铜钼矿已使用了这一设备。H 系列最新推出的 H7800 型液压圆锥破碎机，洛钼集团新建选厂和金钼集团百花岭选矿厂工艺改造已使用了这一设备。

高压辊磨机主要应用于铁矿石加工领域，作为铁精矿球团前的细磨以及原矿的细碎或超细碎；国外也有将其用于有色金属和贵金属矿石粉碎流程的报道。2009 年，金钼集团在选矿工艺升级改造中，首次采用德国魁珀恩公司制造的 ϕ1500mm × 1000mm 高压辊磨机，使最终碎矿产品粒度达到 P80 = 7.2mm。

碎矿设备在钼选矿生产过程中占有重要地位。近年来，国内钼选厂碎矿装备水平不断提高，设备不断向更大、更优和高效节能的方向发展。

第二节 钼磨矿装备

钼磨矿分为粗磨和细磨两个阶段。传统粗磨一般选用格子型球磨机与螺旋分级机组成闭路作业，应用最大规格为 MQG3600 × 4000 球磨机与 2FLG-3000 高堰式螺旋分级机。细磨一般选用溢流型球磨机与水力旋流器闭路作业，应用最大规格为 MQY2700 × 3600 球磨机与 5-ϕ250mm 旋流器组。

近年来，国内钼磨矿装备水平提升较快，一些新建或改建的大型钼选矿厂，粗磨分级设备普遍采用 ϕ5500mm × 8500mm 以上规格的国产大型溢流型球磨机与水力旋流器，其分级效率比螺旋分级机高15%～30%，处理能力提高，磨矿成本降低。

与此同时，半自磨工艺在钼矿碎磨应用方面也大有进展，立式擦洗性磨机在精选段也开始应用。

另外，磨矿自动控制水平不断提高。国内大型钼选厂磨矿工艺几乎都实现了自动控制和在线检测，球磨机台时效率提高，磨矿产品质量改善，从而提升了中国钼选矿自动化水平和生产管理水平。

第三节　钼浮选装备

与磨矿相对应，钼浮选分为粗选和精选两个阶段。

钼粗选传统设备一般选用浮选机，应用较为广泛的是XCFⅡ/KYFⅡ型吸浆式充气机械搅拌浮选机和BF、SF型自吸式机械搅拌浮选机。XCFⅡ/KYFⅡ型浮选机单槽容积$50m^3$及以下设计有吸浆槽，使浮选作业间水平配置，省去了泡沫泵。近年来，该浮选机的最新进展是规格大型化。随着选矿厂日处理量的增大，单槽容积大于$100m^3$的浮选设备已经大量进入工业应用。

钼精选设备，已建老选厂一般选用BF、SF型自吸式机械搅拌浮选机。但近年来，新建或改建钼选厂多采用浮选柱作精选设备，并用浮选机作精扫选设备，以确保精选段精矿质量和金属回收率双提高。目前，浮选柱作为钼精选段的主要设备已在国内大型钼选矿厂中得到了广泛应用，如德兴铜钼矿、栾川钼矿、乌山铜钼矿、金堆城钼矿等。

另外，钼浮选自动控制技术不断提高。首先，浮选工艺几乎都实现了自动给药。大中型钼选厂普遍应用PLC型智能程控加药机，使药剂调整与工艺变化同步进行，将传统的经验调整为先进的量化控制，加药精确控制在±3%以内，提高了自动化水平和经济技术指标。其次，浮选过程自动采样、在线分析。通过引进自动采样机、X-荧光多元素在线分析仪等实现了浮选过程采样自动化和品位在线分析，提高了选矿检测技术水平和矿样的代表性，有利于客观真实地反映生产实际。

第四节 钼脱水装备

目前中国绝大多数钼选厂精矿脱水选用传统的中心传动式浓缩机、外滤式真空圆筒过滤机及蒸汽螺旋干燥机，个别选矿厂选用间断式板框压滤机与闪蒸干燥机。这些设备技术含量低，在脱水工艺、生产能力、能源种类及测控技术等方面比较落后，且主要是以传统的加热方式进行干燥，效率低，能耗高，污染环境，应研制开发新的多功能设备，集过滤、干燥、粉碎等单元操作于一机，简化操作程序。

随着过滤技术的发展，隔膜压滤机、自动压滤机逐渐在新建或改扩建钼选厂得到应用。栾川龙宇小庙岭选矿厂采用国产压滤机将钼精矿滤饼水分控制在17%左右，金钼集团钼选厂采用拉罗克斯自动压滤机将钼精矿滤饼水分降至

10%以下，直接省去干燥过程。

近年来，电磁螺旋干燥机在钼精矿的干燥中得到了很好的应用，已有钼选厂先后应用了4台DLH-150型双电源电磁螺旋干燥机，钼精矿干燥水分低于5%。新型高效脱水设备的研发与应用，有望使钼精矿脱水工艺和装备水平得到明显改善和大幅提升。

第五节 钼配矿装备

钼精矿的混矿一般是在专用混矿机中进行的，最大规格混矿机为金钼集团百花岭选矿厂应用的WLDH10000-00螺旋混矿机，为常熟市一新干燥设备有限公司制造，容量为10t。

第三章 钼选矿技术进步与创新、节能减排、新材料

第一节 钼选矿技术进步与创新

一、半自磨工艺代替常规碎磨工艺

自磨/半自磨技术自20世纪50～60年代在选矿厂得到工业应用以来，经历了半个世纪的摸索、改进和研究，以及广大从业人员的不断努力，已经从一个有争议的技术，日趋发展成了成熟可靠的技术。在世界各国，无论是新建还是扩建以及老厂的改造，都几乎要用自磨/半自磨技术。近年来，

国内铜-钼选厂逐渐用粗碎—半自磨—球磨工艺流程代替传统的三段一闭路破碎—球磨工艺流程，不仅简化了选矿厂的工艺流程，改善了操作条件，减轻了劳动强度，更有利于环境保护。2007 年，内蒙古乌山铜钼矿一期规模 3×10^4t/d，成功采用 SABC 流程，实现了中国钼选厂碎磨工艺的重大突破。

二、高品级钼精矿工艺研究的新突破

1999 年，金钼集团 30 亩地选矿厂对原工艺流程进行了科学合理的改进，自主创新，将深度浮选工艺直接设置于精选之后，将钼精矿品位由 52% 提高到 57% 以上，开创了国内钼浮选的先例。2006 年，金钼集团公司针对常规浮选机工艺生产 57% 钼精矿存在的问题，进行了钼精矿新工艺及产业化研究，首次在钼精选段联合采用浮选柱和浮选机及立式搅拌磨擦洗技术，在保证回收率不降低的情况下，实现了采用单一浮选法全部生产含 Mo 57% 以上的优质钼精矿，为中国钼产业链后续产品工艺优化和质量提升奠定了基础。

三、复杂难选钼矿选矿技术创新

目前中国主要难选钼矿石大体上有：高氧化率型钼矿石，含滑石型钼矿或含滑石型铜钼矿石，含碳、炭质页岩和有机钼碳型钼矿石，多金属、浸染粒度较细或超细型钼矿石，以及结构复杂型钼矿石等。用传统的浮选方法处理这类难选钼矿石不是回收率不高，就是难以选出较高品位的钼精矿产品，或者两者均低。另外，处理难选钼矿还普遍存在着能耗高、环境污染等问题。

高氧化率钼矿以水玻璃为矿泥分散剂，煤油为硫化矿捕收剂，以改性水玻璃为脉石抑制剂，RT 为氧化钼矿捕收剂优先浮选硫化矿再浮选氧化矿，从含 Mo 0.034% 的原矿中，获得品位为 46.41% 的硫化钼精矿，品位为 27.65% 的氧化钼精矿，钼总回收率为 78.01% 的较好指标。

滑石型钼矿采用预先强磁选铁—螺旋溜槽重选及脱泥—钼浮选新工艺，获得了钼精矿品位为 45.12%、回收率为 61% 的较好指标。

含碳镍钼矿在 600℃ 时焙烧脱硫，再加碱和通活性氧气浸出，钼的浸出率接近 100%。该工艺利用焙烧过程中所释放出来的二氧化硫烟气制取焦亚硫酸钠，可大幅度缓解二氧化硫排放造成的环境污染问题。

四、药剂应用研究的新突破

2004 年开始，针对煤油供应日趋紧缺的现状，金钼集团开展了新型选钼捕收剂应用试验研究并取得突破性进展。研究获得了一种单独使用烃油类捕收剂（YC 药剂）提高钼浮选指标的方法，其中对于选钼捕收剂在选择合适的烃油分馏馏程产品方面的新发现，是本次研究的一大创新。该研究成果打破了国内长期以来选钼应用煤油的历史，成功解决了钼浮选中替代煤油的紧迫问题，对于钼的浮选理论研究与实践的发展具有重要的参考价值。

五、钼精矿脱水工艺简化

2010年，金钼集团经过试验研究，首次在钼矿山成功应用拉罗克斯压滤机，将钼精矿传统的三段脱水工艺简化为两段脱水工艺，使滤饼水分控制在10%左右，省去了干燥环节，杜绝了物料飞扬损失及环境污染现象。另一项技术进步是采用电磁螺旋干燥机代替闪蒸干燥机干燥钼精矿，干燥作业环境洁净，钼精矿的水分、油分等指标符合钼精矿标准。

第二节　钼选矿节能减排

一、漂浮虹吸回水工艺应用

2006年，嵩县雷门沟钼矿实施了一套有效的尾矿库回水工艺—漂浮虹吸回水工艺。该工艺根据虹吸原理，用船载管道自吸回水代替原水泵送水，随着回水面上涨，浮船自动升高，始终能在澄清水域取水，不仅保证了回水质量，实现了污水零排放，较大程度地节约了水资源，而且不用动力送水，节约能源，降低了生产成本。该回水工艺是一种经济合理、管理方便、节约增效的回水工艺，具有一定的推广价值。

二、尾矿输送节能技术改造

金钼集团百花岭选矿厂尾矿输送采用压力输送，输送系统共有五级泵站。从 1997 年开始，通过对尾矿输送特性及输送参数的研究测试，采用窄深式溜槽、大管径（ϕ870mm）铸石管、250PNJ 高效耐磨泵及其他节能技术改造，有效地解决了尾矿的泄漏污染问题。在 30 亩地选矿厂尾矿全部下送汇合导致输送量大幅增加的情况下，尾矿系统运行正常，泵过流部件使用寿命延长至 3000h，年节约维修费用和电费千余万元。

第三节 钼选矿新材料

近年来，各种新材料在钼选厂得到了广泛应用，取得了良好的经济效益和社会环境效益。有钼选厂在一段大型磨机上（MQY3600 × 6000）应用磁性衬板代替高锰钢衬板，衬板使用周期延长 3 倍，磨矿成本大幅降低。另外，采用超高分子量聚乙烯管材输送选钼尾矿，管道使用寿命相当于普通钢管的 4 ~ 6 倍，充分发挥了新材料节能、环保、经济、高效的优越性。又有钼选厂采用改性尼龙材料代替巴氏合金和铜材应用于旋回和圆锥破碎机，采用耐磨尼龙新材料铺设螺旋分级机返砂沟底板，加大耐磨性能，降低生产成本。

第四章 钼选矿的安全、环保及清洁卫生

钼选矿过程中易产生的安全和环保问题主要有：碎矿和

脱水车间的粉尘、磨矿车间的噪声、浮选车间和尾矿输送过程中矿浆的泄露污染、尾矿库的矿浆或渗水泄漏、极端的溃坝事故等。

粉尘可用除尘装置加以消除，使其浓度达到国家标准。选矿厂车间内部噪声要采取有效措施确保在国家控制的标准之内。矿浆泄漏主要依靠先进的技术和材料、完善的管理来保证不发生，在这方面，一般大型正规选厂做得比较好，而非正规的小型选厂较差，时常会造成附近河道污染。尾矿库应严格按照国家有关规范进行建设和管理，加强日常维护和检查维修。

第五篇

钼的冶炼

钼的冶炼分为火法冶炼和湿法冶炼。钼的火法冶炼，就是将钼矿石经过选矿后所得的钼精矿进行氧化焙烧；钼的湿法冶炼，就是将钼精矿或火法冶炼所得的工业氧化钼进行化学冶炼。

第一章 钼的火法冶炼

第一节 钼火法冶炼技术

一、氧化钼焙烧技术

（一）焙烧的理论基础

（1）焙烧的定义。冶炼过程中，为了得到适合下一工序要求的化学组分而进行的加热处理叫做焙烧。焙烧温度通常选定低于矿石或精矿的熔化温度，大多在500～1000℃之间。焙烧是矿石或精矿固体与气相之间进行的气-固反应过程。

（2）焙烧的分类。根据焙烧过程中发生的主要物理化学变化的不同，可将焙烧分为煅烧、氧化焙烧、硫酸化焙烧、还原焙烧、氯化焙烧等。

氧化焙烧是最广泛采用的一种焙烧方法，它是将硫化矿中所含的全部或部分硫转化为硫氧化物除去的方法。硫化矿的氧化焙烧是以矿石和精矿本身所含成分的反应热作热源而进行的焙烧，所以又称为自然焙烧。自然焙烧必须提供足够的氧气和温度才能进行，当达到某一温度以后成为连续进行的燃烧状态，这一温度称为着火点，着火点依硫化矿的种类和粒度的不同而有所不同。

（3）焙烧的目的。焙烧的目的是将矿石、精矿或金属化合物直接在空气中或配加一定的物料（如炭粉、氯化剂等）加热至低于炉料的熔点，发生氧化、还原或其他化学变化后得到氧化物、纯金属、氯化物等，一般用于火法或湿法冶金的前期作业。

（二）三氧化钼的生产

（1）辉钼精矿氧化焙烧的理论基础。辉钼精矿的主要成分为 MoS_2，其中包含 45% ~58% 的钼及大约 37% 的硫，另含有水、油、SiO_2、铅、铜、磷及其他杂质，其中大多数杂质并不参与炉内的焙烧反应。钼精矿在高于 500℃ 的空气中剧烈氧化去除其中的硫，在焙烧反应中，硫被氧取代得到产品 MoO_3 并释放热量，硫与氧结合生成 SO_2，可作为制酸的原料，得到的产品 MoO_3 中钼的含量约为 50% ~63% 。主要焙烧反应如下：

钼精矿在高于 500℃空气中发生剧烈的放热氧化还原反应生成淡黄色的三氧化钼：

$$MoS_2 + 3.5O_2 \longrightarrow MoO_3 + 2SO_2 + Q \quad (5\text{-}1)$$

二硫化钼与三氧化钼颗粒紧密接触，只遵从固态反应：

$$6MoO_3 + MoS_2 \longrightarrow 7MoO_2 + 2SO_2 \quad (5\text{-}2)$$

在适宜的温度和气相组成条件下，二硫化钼可直接氧化为二氧化钼：

$$MoS_2 + 3O_2 \longrightarrow MoO_2 + 2SO_2 \quad (5\text{-}3)$$

杂质反应：钼精矿中含有的铜、锌、铅、钙等硫化物与氧发生反应产生氧化物和部分硫酸盐：

$$MeS + \frac{3}{2}O_2 \longrightarrow MeO + SO_2 \quad (5\text{-}4)$$

$$2SO_2 + O_2 \longrightarrow 2SO_3 \quad (5\text{-}5)$$

$$MeO + SO_3 \longrightarrow MeSO_4 \quad (5\text{-}6)$$

部分硫酸盐在700℃以上才能分解。

焙烧时生成的重金属氧化物和氧化钙等与已生成的三氧化钼反应生成各种钼酸盐：

$$MeO + MoO_3 \longrightarrow MeMoO_4 \quad (5\text{-}7)$$

热力学计算表明，在焙烧时所有上述反应均可发生。钼精矿的氧化反应是不可逆的，其反应的热效应很大，反应过程产生的热量完全可以满足钼精矿焙烧所需。钼精矿的燃点在365～465℃（主要根据钼精矿粒度而定），当钼精矿在温度高于其燃点时能够自燃。由于产品 MoO_3 会于600℃以上的某一温度开始升华，所以温度控制极为重要。

（2）辉钼精矿氧化焙烧的影响因素。影响辉钼氧化焙烧的主要因素有温度、各种气体的分压、物料的粒度及物理化学性质、物料颗粒外表面形成的固体反应物膜层的厚度及致密程度、物料进入焙烧设备及在其内部的流动速度等。

1）温度。温度是焙烧过程中最重要的参数。在焙烧过程中，随着温度的升高氧化过程加快，因此一般焙烧过程均在最大允许温度下进行。而三氧化钼的熔点为795℃，高于600℃就伴随较为明显的升华现象，温度越高升华越剧烈。为避免三氧化钼剧烈升华而引起钼损失加大，温度应该控制在偏低限。资料显示，合适的钼精矿焙烧温度在650℃左右，考虑到其他因素的影响，实际生产中温度一般控制在580～750℃之间。当辉钼矿氧化处于扩散过程时，氧化与温度关系较小；处于动力学过程时，温度对辉钼矿的氧化速度影响较大。

2）钼精矿的品位。辉钼矿品位的提高必然带有硫含量的提高，反应热必然也随之增大。且由于不同企业的浮选工艺、药剂、油分含量不同，在反应时放出热量也有所不同。所以不同矿山、不同品位的钼精矿在生产实践过程中所需提供的热量是不同的，控制的温度也不相同。例如，品位在52%～55%左右的钼精矿焙烧温度一般控制在650～720℃之间；品位在35%～48%的钼精矿焙烧温度需控制在680～760℃之间，甚至更高。

3）钼精矿中杂质含量。钼精矿中杂质含量是影响钼焙烧的关键因素。金属杂质也基本上以硫化物形式存在，如铜、铁、铅、锌等，在焙烧时生成各类氧化物，部分杂质会再生成难熔的硫酸盐。而氧化物会在一定温度范围内与三氧化钼发生反应生成钼酸盐，钼酸盐大部分是难溶的，各类钼酸盐的形成对后续工艺影响较大。生产过程中需要对各种原料中杂质元素的含量进行分析，对杂质超标的采取相应的配料比例，使入炉的各种原料中 Ca、Cu、Pb、P 等杂质指标达到“原料控制标准”要求。生产实践表明，当钼精矿中以上几类杂质含量较高时，焙烧中残留量极易超标，需二次焙烧，致使生产效率降低、成本增加、金属回收率降低。

4）钼精矿粒度。钼精矿的氧化反应是一种多相（气-固相）反应。与多相反应关系密切的是固体颗粒的粒度和孔隙度，这是因为气固多相反应总是由固体颗粒表面开始的，颗粒表面积越大，越有利于焙烧反应进行。同时，钼精矿在焙烧过程中外表面形成的固体反应膜层的厚度及致密程度影响氧气扩散速度，影响反应进行速度，粒度越大受影响越大，且粒度过小的情况下，会降低其着火点温度（约 350～380℃），在此温度下的小粒度钼精矿黏附力极强。

5）钼精矿的油分、水分。在钼精矿浮选工艺中添加剂会导致钼精矿中含有一定油分，同时含有固定比例的水分。生产实践表明，钼精矿的水分、油分若大于5%时在输送过程中容易造成堵塞。同时在焙烧过程会形成较大粒度的包裹，在焙烧时表面会形成致密的固体膜，导致内部二硫化钼无法充分与氧接触反应。从生产实践上来讲，可明显看到炉料表层上有大量红点。而将水分处理过低时，过细的钼精矿颗粒会导致产生大量的烟尘，反应温度难以控制，同时动力消耗较大。

6）气体分压。焙烧气氛中氧分压的增大有利于反应过程的进行，负压控制就是调整焙烧炉各反应气氛的分压。钼精矿焙烧都是在过剩空气下进行的，过剩的空气可加速氧化过程。随着空气流量的增加，氧分压增大，且气体紊乱度增加，能使周围气体膜变薄，使气体反应剂（如氧）易于扩散到粒子表面，加速反应过程。使用过剩空气焙烧钼精矿，必然加大钼精矿粉尘的气流夹带损失，产出的二氧化硫浓度降低，热损失增大。

（3）焙烧钼精矿的质量标准。焙烧钼精矿产品的化学成分见表 5-1。焙烧钼精矿行业标准和国内外采购要求详见表 5-2，表中数据为质量分数。

（4）钼精矿氧化焙烧实践。钼精矿的焙烧可在反射炉、回转窑、多膛炉和闪速炉中进行。反射炉和外热式回转窑由于产能小、机械化自动化程度低、环保不易达标等缺点已基本被淘汰。目前国内的中、小型钼精矿焙烧厂多采用内热式回转窑焙烧钼精矿，大型焙烧厂则逐步采用多膛炉焙烧钼精矿。

1）反射炉。反射炉是传统的火法冶炼设备之一，它是机械化程度最低的焙烧工艺设备。焙烧钼精矿时的加料、出料及炉料的搅拌都是人工操作，加料量按照炉床温度面积和炉床能力来确定，焙烧热量由煤、重油或煤气燃烧供给，并结合炉门的开关来控制焙烧温度。烟气中 SO_2 浓度过低（一般小于 1%），不易处理，会造成环境污染。另外，反射炉焙烧工艺的热利用低，燃料消耗高，单位炉床面积生产率低。但是，反射炉具有结构简单、易操作，特别是氧化钼中 MoO_3 含量容易控制，产品适于后续深加工等优点。

表 5-1 焙烧钼精矿产品的化学成分（质量分数） （%）

品种	牌号	化学指标												
		Mo	钼的碱溶解度	Bi	S	Cu	P	C	Sn	Sb	WO_3	Pb	K	Ca
		不小于		不大于										
焙烧钼精矿（普通）	YMo62	62.00	—	0.10	0.10	0.18	0.05	0.10	0.05	0.04	0.05	0.10	—	—
	YMo60	60.00	—	0.10	0.10	0.20	0.05	0.10	0.05	0.04	0.05	0.10	—	—
	YMo57	57.00	—	0.10	0.10	0.25	0.05	0.10	0.05	0.04	0.05	0.10	—	—
	YMo55	55.00	—	0.10	0.10	0.25	0.05	0.10	0.05	0.04	0.05	0.10	—	—
焙烧钼精矿（高溶）	YMo60	60.00	98.50	—	0.30	0.20	0.05	0.10	0.05	0.04	0.05	0.10	0.25	实测值
	YMo57	57.00	98.00	—	0.30	0.25	0.05	0.10	0.05	0.04	0.05	0.10	0.25	—
焙烧钼精矿（块）	YMo60	60.00	—	—	0.10	0.20	0.05	0.10	0.05	0.04	0.05	0.10	—	—
	YMo55	55.00	—	—	0.10	0.25	0.05	0.10	0.05	0.04	0.05	0.10	—	—

注：YMo XX

XX——品位

YMo——焙烧钼精矿符号

表 5-2 焙烧钼精矿行业标准和国内外采购要求 （%）

项目		行业标准			美国材料协会标准	日本企业采购要求	德国企业采购要求	国内某企业标准	国内某企业标准
		焙烧钼精矿	焙烧钼精矿（高溶）	焙烧钼精矿（块）					
Mo	不小于	55.0~62.0	53.0~60.0	55.0~60.0	55.0~60.0	55.0~62.0	57.0~62.0	52.0~57.0	50.0~55.0
钼的碱溶解度	不小于	—	98~98.5	—	—	—	—	—	—
Bi	不大于	—	0.10	—	—	0.15	0.20~0.50	—	—
S	不大于	0.10	0.10	0.10	0.10~0.25	0.10~0.30	0.10~0.20	0.15	0.30
Cu	不大于	0.15~0.25	0.18~0.22	0.20~0.22	0.15~0.50	0.20~0.30	0.40	0.20~0.80	0.80
P	不大于	0.05	0.05	0.05	0.05	0.05	0.05	—	—
Pb	不大于	0.10	0.10	0.15	0.10	0.042~0.20	0.10	0.20	—
C	不大于	0.10	0.10	0.10	微量	0.10~0.50	微量	—	0.20
WO_3	不大于	—	0.05	—	—	0.08	—	—	—
Sn	不大于	0.05	0.05	0.05	—	0.10	—	—	0.07~0.10
Sb	不大于	0.04	0.04	0.04	—	0.10	—	—	—

2）外热式回转窑。外热式回转窑焙烧时物料在窑体的旋转和倾斜作用下，由窑尾向窑头运动，辉钼矿随之开始进行氧化反应。根据 MoS_2 在窑内发生的化学反应和加热炉的热效应，窑内可分成预热干燥带、反应带、冷却带三段，每段的位置随加料速度、精矿物性及化学成分的不同而变化。外热式回转窑由于其炉型结构特征，存在着诸多问题：一是炉内温度难以准确而稳定的控制；二是炉筒使用寿命短；三是工艺参数不易优化；四是自动化程度低，环境温度高，工人的劳动强度大、条件差。

3）内热式回转窑。内热式回转窑在钼行业的应用开始于2004年，相对于外热式回转窑而言，内热式回转窑从根本上改变了传统的加热方式，采用的是将洁净的燃烧气体由窑尾送入窑内。供热设备一般选用直燃炉或煤气发生炉，而采用天然气供热则是今后的发展方向。燃料在供热设备的燃烧室充分燃烧后经净化室后将纯净的热空气送入回转窑内，温度可实现精确控制。内热式回转窑的炉筒内壁砌筑耐火砖，可以有效保护炉筒钢板不受高温侵蚀及物料冲刷，从而可以大大地延长炉筒寿命。由于窑体外壁不受高温形变限制，在设计上外形尺寸才可以放大，继而提高产能。收尘系统普遍使用旋风除尘器或重力沉降加布袋除尘器或静电除尘器的两级除尘，烟尘排放量低，焙烧金属回收率普遍在98.5%左右。内热式回转窑由于其在供热系统上的精确及可控性，所以工艺控制的稳定性、产量有明显提高。建立在该基础上继而可增加更为先进的原料处理及产品处理设备，自动化程度也有着明显提高。

4）多膛炉。多膛炉焙烧钼精矿的生产始于20世纪上中叶，美国的Climax公司在宾夕法尼亚州建设了6台12层多膛炉（在兰吉洛斯焙烧厂），用来焙烧钼精矿使其转化为工业氧化钼。多膛炉是由Nichols、Herreshof等人发明并设计的。多膛炉一般由2～6m直径的8～16层炉床构成，钼精矿从第1层给入，第1层与第2层炉床用天然气加热，进行预热并脱除钼精矿中的浮选油（如煤油、2号油等），然后钼精矿旋转落入第3层到第5层，在这3层靠钼精矿放热反应发生氧化反应，之后氧化成的二氧化钼和三氧化钼继续下落经外加热氧化，此时二氧化钼连续氧化并大部分转化为三氧化钼，最后两层通常要充入氧气或富氧空气来强行氧化未氧化的二氧化钼和少量未氧化的二硫化钼，并使脱硫逐渐完全。

目前国内钼行业使用的多膛炉大多为12层，包括附带的冷却风机、助燃风机、中轴驱动、燃烧器及阀门等。每台多膛炉各配置一套喷水冷却系统，用做炉温控制。控制多膛炉的反应温度在620℃左右，炉内压力为－15～－100Pa，钼精矿加入到12层多膛炉内，通过耙臂及耙齿的连续搅拌使物料与O_2有较好的接触，有利于实现良好的反应与传递过程。每层均有下料口与下层相通，下料口分别设置在奇偶层的中间和边缘。炉子每层设有操作门，便于清炉、及时更换耙臂耙齿和观察炉内情况。每层还设置有空气进气口及烟气排出口。为保证炉内温度，分别在各层设有2～4个燃烧器，采用天然气加热。一般保证物料在炉停留10～12h，有充分的氧化脱硫时间，生产出含硫小于0.1%的氧化钼。高温烟气通过3～9层的烟道进入到收尘系统进行降温收尘，得到的含钼烟尘返回到上料系统。

多膛炉焙烧的特点是：其一，将一个焙烧过程分成许多段，每一段实行相应的温度、气氛控制，每一段产出的产物SO_2又会被及时带走，不会影响其他反应阶段。多膛炉在焙烧钼精矿时，各层炉料分布均匀、搅拌充分，并且物料在下落过程中能与氧气充分接触，因此氧化反应十分充分；其二，熔融状态可及时降温，温度偏低也可及时升温。各层供热能实现准确控制，温度控制十分精确，料温稳定，炉况也相当稳定，炉料极少出现烧结、熔融现象。这样使焙烧理论要求的期望条件得以实现。

目前，全球大约有近百座多膛炉分布在美国、智利、加拿大、俄罗斯、荷兰、法国、意大利、秘鲁和墨西哥等国家。有数据显示，就全球而言目前焙烧能力并不充足。

中国是全球最大的钼精矿焙烧国，不过与美国等所焙烧的钼精矿不同。中国所焙烧的钼精矿含Mo低，含Pb、Fe、Ca、Cu和SiO_2均高，含浮选油不一，有的焙烧厂入炉原料含Pb高达2%～10%，还有焙烧厂入炉原料含Mo 5%～18%、含Ni 2%～3%。在20世纪70年代中国就开始了回转窑焙烧钼精矿的工业实践，近几十年国内钼行业通过内外热式回转窑、反射炉、多膛炉对焙烧钼精矿进行生产实践，以钼精矿氧化焙烧理论为基础，深入研究钼精矿在各类设备上的使用情况并取得了较好的生产业绩。

（三）氧化钼块的生产

利用氧化钼代替钼铁直接进行钢的合金化，在国外应用已经比较广泛，中国用氧化钼炼钢也在不断提升，使用氧化钼炼钢与使用钼铁炼钢相比优越性明显。氧化钼需要被压制成氧化钼块方可用作炼钢添加剂。在实际生产中，首先需要通过定量给料机及液体定量进料机将氧化钼与黏结剂（氨水，浓度13%）按照100∶2.3 比例（可根据氧化钼块的实际成球率进行调整）进入混料机进行充分混合，搅拌均匀后通过辊压机在1200psi（1psi＝6894Pa）下压制成块（厚度可由业主根据生产需要调整压力大小），经过筛分后的成品块进入干燥机在小于200℃温度下干燥后再次经过筛分进行包装，两次筛分下的粉料及残料返回到混料机进行重新混合压制。根据国内某企业自主研发的氧化钼块生产线及后续引进的国外先进的氧化钼块生产线的具体生产状况来看，目前本工艺较为成熟，能够满足国内外的数量及质量需求。

氧化钼块主要用于钢铁生产过程中添加钼元素，产品粒度要求不大于5mm，每块的质量为30～60g，抗压强度不小于45MN/m^2，化学成分质量要求详见焙烧钼精矿产品化学成分表（表5-1）。

氧化钼块的生产工艺流程见图5-1。

（四）钼焙烧新技术

（1）流态化焙烧。流态化焙烧是将辉钼矿研磨成细粉，使颗粒从上而下与气流发生逆流反应，当气流达到一定速度时，固体颗粒会悬浮起来，处于临界流速，犹如流体，故称

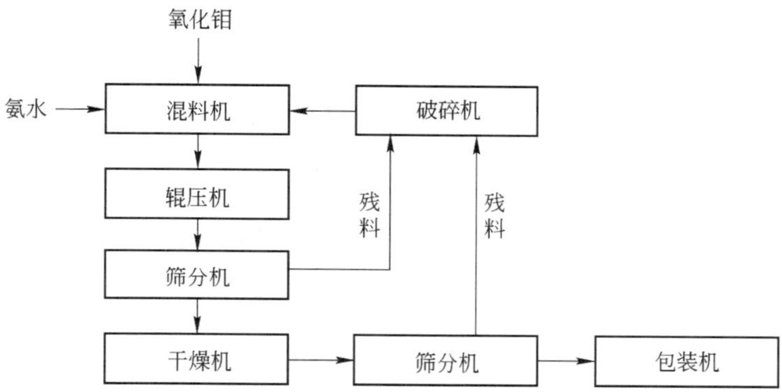

图 5-1　氧化钼块的生产工艺流程

流态化焙烧。流态化焙烧被认为是一种较为理想的焙烧方式。流化床焙烧具有生产能力大、反应速率快、氧化脱硫率高等优点，广泛用于硫化矿的冶炼生产。1998 年堤岸化学公司设计并生产出由振动给料、气流分配装置、流化气预热装置和膨胀器等构成的钼精矿流化床焙烧炉，该炉已代替使用了 60 多年的多膛炉，取得了良好的效果，但最大的缺点是氧化钼残硫高，因此还需进一步改进。

（2）闪速炉焙烧。近些年，不少学者进行了辉钼矿闪速炉焙烧的试验研究，取得了满意的结果，但未见工业化的报道。采用闪速炉焙烧工艺生产 MoO_3，钼精矿首先经 650～750℃的预热后从闪速炉顶部加入炉内，钼精矿与炉内的预热富氧空气或氧气混合逆流接触后发生反应，焙烧过程中通过炉膛中的冷却水管控制反应带的温度为 550～650℃，以便控制辉钼矿的氧化速度。采用闪速炉焙烧工艺，由于焙烧过程氧气利用较充分，烟气中二氧化硫浓度比较高，从而有效地避免了低浓度二氧化硫烟气对环境的污染。

（3）真空热分解钼精矿生产粗钼粉。真空热分解钼精矿生产粗钼粉是近年来出现的一种新的钼冶炼技术，钼真空冶炼主要是将钼精矿通过真空热分解方式进行冶炼，获得炼钢用粗金属钼粉及硫黄。其设备主要为真空炉，该炉主要包括进出料系统、炉体及加热装置、抽真空泵、冷却系统。钼精矿真空热分解生产粗钼粉的工艺流程图如图 5-2 所示。

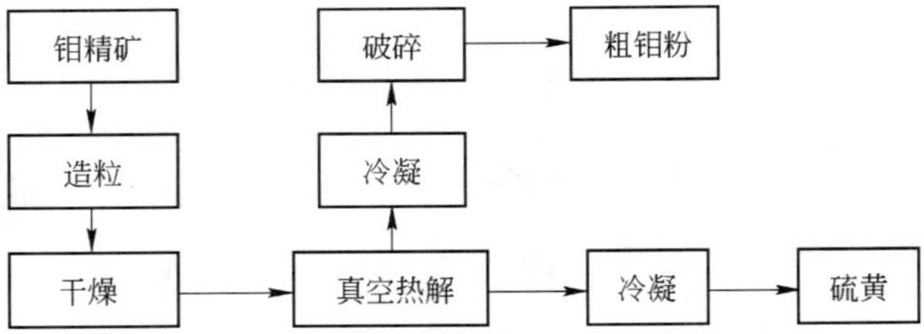

图 5-2　钼精矿真空热分解生产粗钼粉的工艺流程图

首先将钼精矿预处理制粒，然后将球团放入石墨坩埚中，经输送设备送入真空炉内，在1700℃左右的高温真空条件下进行热分解。待物料反应完全后冷却、开炉，最后获得金属钼和硫黄。采用该真空炉所生产的粗钼粉含钼量大于75%，硫含量小于0.1%。其主要反应如下：

$$4MoS_2 = 2Mo_2S_3 + S_2 \tag{5-8}$$

$$2Mo_2S_3 = 4Mo + 3S_2 \tag{5-9}$$

以辉钼矿为原料采用真空热解法生产炼钢用粗钼粉，工艺流程简洁，不需要添加任何辅料，生产成本低。同时，解决了低浓度二氧化硫对环境的污染问题，实现了硫的固化处理，目前，国内一些厂家已经开始了工业化生产。但是该法对原料品质要求较高，同时需要真空设备及较高的反应温度，故生产规模受限。

二、钼铁冶炼技术

（一）钼铁及其用途

钼与铁可以任何比例组成合金，以固态形式生成的合金称为钼铁。约有 90% 的钼以钼铁的形式用于炼合金钢，因钼能降低钢的共晶分解温度，扩大钢的淬火温度范围，从而影响钢的淬火深度。钼经常与其他元素如铬、镍、钒等配合使用，可使钢具有均匀的细晶组织，提高钢的强度、弹性限度、抗磨性及耐冲击等性能。钼广泛用于炼制结构钢、弹簧钢、轴承钢、工具钢、不锈耐酸钢、耐热钢和磁钢等一系列钢种。钼应用在合金铸铁上，使灰口铁晶粒变小，并能改进灰口铁在高温下的性能，提高其耐磨性。

钼铁曾是钢中钼添加剂的传统形式，后来氧化钼压块的应用使钢添加剂又多了一种选择，但是由于从钢水中脱氧的方法比较复杂，某些元素被还原的同时另一些元素又被氧化，所以氧化钼块产品并未威胁到钼铁作为合金钢首选添加剂的地位。

（二）钼铁的牌号

钼铁按钼品位及杂质含量的不同分为 9 个牌号，其化学成分如表 5-3 所示。

表 5-3 钼铁的牌号和化学成分

牌号	化学成分(质量分数)/%							
	Mo	Si	S	P	C	Cu	Sb	Sn
		不大于						
FeMo70	65.0~75.0	1.5	0.10	0.05	0.10	0.50		
FeMo70Cu1	65.0~75.0	2.0	0.10	0.05	0.10	1.0		
FeMo70Cu1.5	65.0~75.0	2.5	0.20	0.10	0.10	1.5		
FeMo60-A	55.0~65.0	1.0	0.10	0.04	0.10	0.50	0.04	0.04
FeMo60-B	55.0~65.0	1.5	0.10	0.05	0.10	0.50	0.05	0.06
FeMo60-C	55.0~65.0	2.0	0.15	0.05	0.20	1.0	0.08	0.08
FeMo60	≥60.0	2.0	0.10	0.05	0.15	0.5	0.04	0.04
FeMo55-A	≥55.0	1.0	0.10	0.08	0.20	0.5	0.05	0.06
FeMo55-B	≥55.0	1.5	0.15	0.10	0.25	1.0	0.08	0.08

(三) 钼铁冶炼原理

冶炼钼铁一般采用焦炭、铝粒、含铝合金、硅铁粉等作为还原剂。碳还原 MoO_3 的反应如下：

$$2MoO_3 + 3C = 2Mo + 3CO_2$$

$$\Delta G = 209047 - 309.74T$$

$$2MoO_3 + 4C = Mo_2C + 3CO_2$$

$$\Delta G = 214980 - 316.1T$$

铝、硅还原的反应如下：

$$MoO_3 + 2Al = Al_2O_3 + Mo$$

$$\Delta G = -632919 + 51.16T$$

$$2MoO_3 + 3Si = 2Mo + 3SiO_2$$

$$\Delta G = -469508 + 65.52T$$

计算在同一温度下生成钼、碳化钼的标准自由能可知，由碳还原钼的氧化物时生成钼的碳化物反应略占优势，因此碳热法生产的钼铁含碳较高。

（四）钼铁的生产方法

钼铁的冶炼技术发展大致可分为三个阶段：（1）用辉钼矿做原料，用碳做还原剂在电炉中进行碱性冶炼钼铁，此法投资大，能耗高；（2）金属热法冶炼钼铁，此法比较简单，投资小，钼铁质量高，目前已成为国际上钼铁冶炼的主要方法；（3）等离子炉冶炼钼铁将电弧激发的高温等离子体应用于化学反应中，从而达到冶炼的目的，此法目前正处于半工业试验阶段，尚未正式投入生产。

（1）碳热法生产钼铁。碳热法是在电炉中使用三氧化钼冶炼含 Mo 大于60%的钼铁，熔化温度在1800℃以上，这时熔融的合金在电炉中是不易流动的，因此不得不采取积块法在电炉中冶炼钼铁。积块法冶炼钼铁最好采用 300 ~ 1500kW 的小容量电炉。炉子过大会导致移动炉体及提升、破碎钼铁需要很大的起重机械。

积块冶炼时，主要是还原和精炼过程依次进行，并多次重复。在预热的炉中，先将从上一炉金属积块上得到的重熔金属和最后一炉的残渣熔化成一个熔池，然后开始加配碳量高的三氧化钼压块。压块入炉后，马上被渣所覆盖，并在炉温的作用下开始还原过程，然后再加入较少量的配碳量低的三氧化钼压块，并根据炉内糊状金属的黏度或僵硬度来判断合金的含钼量是否符合要求。当有足够数量的重熔金属或炉渣金属时，配碳量高的三氧化钼压块中的一部分钼可由这种含碳量高的重熔金属或炉渣金属来提供。这样一来，炉膛即在还原和精炼期的不断更替中炼满，形成的渣一部分由于生成的炉气及电弧的机械作用从炉内溅出，另一部分在电极周围形成渣墙。当渣墙升得过高可以除掉时，炼满了合金的炉体沿轨道拖出后自然冷却成型，然后吊起合金链放入水中迅速冷却，通过精整破碎后得到产品。

(2) 炉外法（即硅铝热法）生产钼铁。炉外法生产钼铁是目前应用最广泛的钼铁冶炼方法，用炉外法生产含钼60%左右的钼铁时，需要一些含铁的原料，选用钢屑、75%硅铁、氧化铁皮、铁矿等作为合金中铁料的来源。此外，还需少量的氯酸钾或硝石作为补热剂。

1）炉外法冶炼钼铁的工艺流程如图5-3所示。

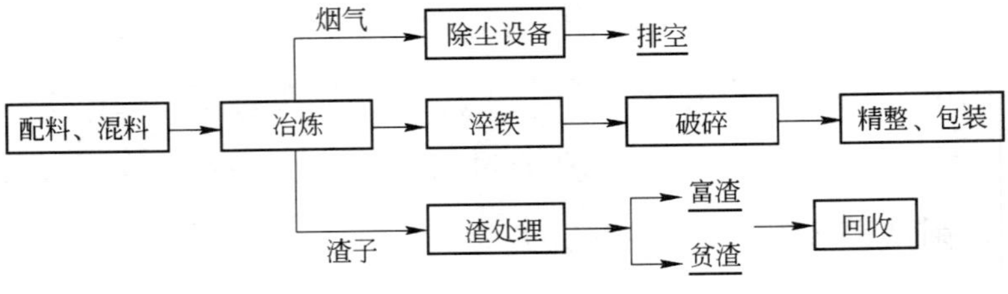

图5-3 炉外法冶炼钼铁的工艺流程

2）炉料配方：国外钼冶炼厂的常用钼铁炉料配方(kg)为：钼焙砂（含Mo量60%）1500、75%硅铁465、15%硅铁355、氧化铁300、石灰225、铝粒70、铁屑50、萤石45。

中国钼冶炼厂的常用炉料配方（kg）为：钼焙砂（含钼48%～51%）300、氧化铁皮70～90、钢屑80～95、硅铁（75% Si）80～95、铝粒16～21、硝石10～15、萤石10～20。点火料配方为：镁带5%～10%、硝石10%、铝粒80%。

3）原料与辅料的质量要求。硅铝热法反应迅速，炉渣凝固很快，熔炼时缺乏精炼过程，所以对炉料的均匀性及降低原料有害杂质含量的要求较高。

钼焙砂：由钼精矿氧化焙烧而成质量符合产品标准时，钼含量可偏低，但硫磷含量要小于0.05%，粒度不应大于2mm。

硅铁：含硅75%，亦可采用硅钙合金或50%硅铁、15%硅铁，但对硫磷要求严格，其含量均应小于0.05%，粒度不应大于0.8mm，一般约为钼焙砂粒径的1～1/1.7以下。

铝粒：氧化铝应小于5.0%，硫、磷含量不大于0.05%，粒度不大于2mm。

氧化铁（Fe_2O_3）：可以是铁矿石，也可以是氧化铁皮，含铁量应不小于65%，硫、磷含量低于0.05%，粒度不大于3mm。

钢屑：为机械加工废屑，要求含碳低于0.25%，硫、磷低于0.05%，而且是不再含其他合金元素的碳素钢的钢屑。

萤石：含CaF_2不低于90%～95%，SiO_2不高于5%，硫、磷杂质低于0.05%，粒度不大于2mm。

石灰：含CaO不低于90%，硫、磷杂质低于0.05%，粒度不大于3mm。

硝石、镁带达到各自标准，硝石粒度小于2～3mm。

4）钼铁冶炼过程：

准备阶段。备料、配料、备炉、装炉。硅铝热法对原料的含杂和粒度要求严格，备料正是按此要求处理原、辅料的过程。首先应将硅铁破碎并磨细，将萤石破碎，去除钢屑表面的油污，然后严格按炉料配比配料。国内习惯每批料按300kg钼焙砂配制进混料机，搅拌均匀后的炉料可装入准备好的炉筒中，按炉子大小，加够所需料批数，炉料装入高度应低于炉筒上缘300mm。炉料装炉后应捣实，这样可使冶炼的钼回收率提高0.1%。装完炉料后，在顶部扒一小坑，放上点火料，准备工作到此结束。

冶炼阶段。点火、反应、静置、放渣、冷却、取出钼铁。点火是利用镁带与硝石间的剧烈燃烧使炉料局部达到反应温度。点火只需一星明火，比如一根火柴，即可使下列反应剧烈进行：

$$Mg + 2NaNO_3 \longrightarrow MgO + Na_2O + 2NO_2 \uparrow$$

炉料反应时间很短，从点火到反应结束仅需20～40min。冶炼时烟气是否大量而均匀冒出，是反应正常与否的特征。烟气少而不匀，说明炉温较低，应调整炉料配比，加大铝、硝石用量。

静置：是使炉内钼铁与炉渣分离的过程。由于钼铁密度远比炉渣的密度大，所以钼铁液滴沉降在炉底沉积于砂窝中，炉渣浮于其上。冶炼钼铁的静置时间通常为40～

60min，随炉渣熔点等而改变。因热耗散引起了炉温下降，炉渣流动性也随之下降，在不影响放渣的前提下，静置时间长点好。

放渣：经过静置，钼铁已与炉渣分离，捅开放渣口，上部炉渣（液态）流出，此时放出大部分炉渣。当放渣时出现渣丝，在盛渣罐中冷凝时稍稍鼓起，炉渣冷却后呈玻璃状，颜色为浅蓝到暗黑色，金属颗粒含量很少等现象出现时，熔炼才是正常的。

冷却：待放完渣后，吊去炉筒，合金块在砂窝中静置、冷却4～6h，待钼铁充分冷却后，取出精整。

精整：是将钼铁破碎成要求的块度，除去炉渣和底部砂壳，按所含钼品位分级、包装，入库成为最终产品。

冶炼过程的物料平衡见表5-4，热平衡见表5-5。

（3）等离子炉冶炼钼铁。等离子炉是由普通感应电炉和等离子弧加热装置组合而成的一种新的冶炼设备，将等离子技术用于钼铁冶金是一种新的工艺技术。等离子体进行其他金属冶炼在一些国家已具有一定的规模，但是用等离子体分离辉钼矿生产钼铁的技术，国内外有文字报道的尚不多见。

等离子体冶炼装置包括两个部分，即等离子体发射器和相应的反应器，这种装置有很突出的优点：

1）它可以把各种气体加热到几千度到几万度的高温，形成等离子体。

2）可以用外磁场来控制等离子体的运动方向和形状。

表 5-4 钼铁冶炼过程的物料平衡表

元素	收入项与分配/%							支出项与分配/%						
	钼焙砂	75%硅铁	铝粒	铁矿	萤石	铁屑	合计	钼铁	炉渣	浮渣	底壳	炉瘤	挥发	合计
Mo	100						100	94.97	0.82	0.11	3.26	0.14	0.70	100
Fe	5.00	16.56	0.02	30.95		47.47	100	77.70	3.48	13.58	3.50	1.74		100
Cu	86.40	4.45	0.35	1.63	0.17	7.00	100	10	82.27	3.46	3.51	0.76		100
Pb	100		微量		微量		100		3.54	4.76	0.62	0.38	90.7	100
Zn	93.60		0.02	0.71		5.67	100		0.94	2.26	1.98	0.20	94.62	100
Sb	83.81	7.66	2.28	2.56	3.69		100		21.40		5.80	1.15	71.65	100
Sn	100	微量	微量		微量		100		61.50				38.5	100
Bi	100						100	0.69			1.21	0.01	98.09	100
As	100						100						100	100

表 5-5 钼铁冶炼过程的热平衡表

收入项	收入热量		支出项	支出热量	
	kJ	%		kJ	%
炉料带入	41777.9	0.25	合金热	4424151.3	26.26
反应放热（包括 Mo、Fe、$FeSi_2$、$MeMoO_4$ 生成放热）	16662996.2	99.75	炉渣热	9685629.9	57.49
			热损耗	2736606.9	16.25
			炉衬蓄热	1452605.6	53.07
			炉壳蓄热	4262.7	0.17
			炉渣面辐射热	1243986.5	45.45
			炉壳辐射对流	1060.6	0.04
			烟气与粉尘	34687.6	1.27
			差 值	-141613.7	0.85
合 计	16704774.1		总 计	16704774.1	100.00

3）能把激发出来的高能等离子体用于化学反应，不仅能大大缩短反应时间，而且能使很多在低温下难以进行的反应得以实现。

4）可以根据不同的需要，改变气体的种类，形成不同气氛的等离子体，如中性的等离子体、氧化性的氧等离子体、还原性的氢等离子体、甲烷等离子体等。

三、钼冶炼烟气收尘技术

（一）钼冶炼烟气收尘的重要性

钼精矿通过多膛炉、回转窑等高温焙烧产生大量低浓度 SO_2 烟气，烟气中含有钼、铼等有价金属。采用炉外法冶炼钼铁，由于自热反应而产生含有氮、氟的有害烟气和含有价钼金属的烟尘，因而选择适宜的收尘工艺及设备进行烟气收尘显得十分重要，其重要性如下：

（1）提高金属回收率。

（2）为冶炼烟气的治理创造必要的工艺条件。

（3）改善环境，防止污染。

（二）钼冶炼烟气特点

（1）焙烧烟气。钼精矿氧化焙烧常产生浓度1%～3%的SO_2烟气，该烟气若直接排放于大气中，则废气中SO_2浓度会超过国家环保标准（环保要求SO_2浓度不大于850mg/m^3），严重污染环境。

（2）钼铁冶炼烟气。钼铁冶炼过程中常产生大量烟尘，烟尘主要成分为氧化钼粉，辅料为粉尘，并含有少量氮氧化物和氟化氢气体。

（三）钼冶炼烟气收尘工艺技术

（1）焙烧烟气收尘。焙烧产生的烟气首先通过冷却设备降温，冷却后经旋风除尘或重力沉降进行一级收尘，然后通过静电除尘或袋式除尘器加以净化，充分回收烟气中的含钼烟尘。净化后的烟气送至SO_2处理系统，所回收的烟尘返回至焙烧系统再次焙烧。具体收尘工艺流程为：

焙烧烟气→冷却设备→一级收尘→二级收尘→SO_2处理工艺

（2）钼铁冶炼烟气收尘。钼铁冶炼产生的烟气首先通过冷却设备降温，冷却后经袋式除尘器回收含钼烟尘，然后通过麻石除尘器湿法淋洗氮氧化物、氟化氢及进一步除尘。

最后净化烟气直接排放，含钼烟尘回炉熔炼。具体收尘工艺流程为：

冶炼烟气→冷却设备→袋式除尘器→麻石除尘器→烟囱排放

四、二氧化硫的回收技术

根据硫的回收应用情况，可分为抛弃法和回收法两大类。

抛弃法即不回收脱硫过程中的含硫物质。此法流程简单，建设投资、运行费用较低，无须将副产品加工、出售，但产生的石膏需要很大的堆存场地，并有可能发生二次污染，治理经济效益为负值。

回收法即脱除烟气中的 SO_2 并将其转变成为有用的含硫副产品加以回收利用。常见的回收法分为硫酸法、碱性溶液吸收法、二氧化硫法等。

钼焙烧系统 SO_2 的回收工艺一般采用硫酸法。钼焙烧产生的烟气 SO_2 浓度在 6000～25000mg/m^3 之间，针对制酸要求来说浓度较低。焙烧所产生的低浓度二氧化硫烟气，通过烟气酸洗净化和稀酸冷却除去烟气中的杂质，然后与焚烧硫黄或硫精矿产生的高浓度二氧化硫烟气混合进入制酸系统。

五、从辉钼矿焙烧烟气中回收铼

铼是一种稀散金属，它主要应用于航空、航天中的超耐热合金，以及石油炼制催化剂等领域。随着对铼的应用研究的深入，其应用领域将更为广泛。就目前而言回收铼具有较好的经济效益，但铼含量及回收工艺等导致铼回收的投资大于收益，所以目前国内大多钼企业未对铼进行回收。通过大量实践表明，精矿中铼含量高于 150×10^{-6}才有回收价值。

辉钼矿中铼以 ReS_2 形式存在，当辉钼矿进行氧化焙烧时 ReS_2 会氧化成 Re_2O_7，会同焙烧过程中产生的烟尘及 SO_2 形成混合尾气。Re_2O_7 高于 300℃时以气体形式存在，而温度低于 300℃时 Re_2O_7 会重新凝华并被烟气中的 SO_2 部分还原为 ReS_2。

辉钼矿中铼的回收方法很多，如氧化焙烧-沉淀法、石灰烧结法、烟气淋洗回收法、离子交换法等。而成功应用于工业生产的一般为烟气淋洗回收，控制烟气温度在 400℃左右，使 Re_2O_7 呈气态进入淋洗塔，Re_2O_7 极易溶于水生成高铼酸。溶液循环淋洗，使铼充分富集至 1.5g/L 左右再进一步处理，产品一般为高铼酸钾或高铼酸铵。

六、钼冶炼产品的经济技术指标

（一）钼焙烧产品的经济技术指标

钼焙烧产品的经济技术指标根据焙烧设备的不同所产生的经济效益不同，以下根据各类设备介绍其经济技术指标：

反射炉：因单位炉床面积生产率低（产能仅为 1t/(d·台)左右），热利用率低，燃料消耗高（折合标煤 0.7 ~ 0.8t/t 氧化钼左右），综合回收率 98% 左右。

外热式回转窑：因受到窑体体积的限制，产能仅为

2.5～3t/(d·台)，能源消耗折合标煤0.35t/t氧化钼左右，综合回收率98.5%左右。

内热式回转窑：因外壁不受高温形变限制，在设计上外形尺寸可以放大，继而提高产能，产能可达到8～12t/(d·台)，能源消耗折合标煤0.2t/t氧化钼左右，综合回收率98.5%左右。

多膛炉：本设备是目前钼焙烧使用最为广泛的炉型，产能也在焙烧设备中达到最高，为40～50t/(d·台)，能源消耗折合标煤0.2t/t氧化钼左右，综合回收率大于99%。

（二）钼冶炼产品经济技术指标

钼铁冶炼由于各企业需求和冶炼炉尺寸不同，单炉出钼铁量一般在2～4t，综合金属回收率在98.5%左右。

第二节　钼火法冶炼装备

一、氧化钼焙烧设备

（一）多膛炉

多膛炉一般由2～6m直径的8～16层炉床构成，中轴贯穿整个炉体，每层炉膛内中轴上装有耙臂及耙齿以便翻动物料。炉膛内部由耐火砖砌筑，砌体为多层结构，由于炉温不高但承受拱顶自重的挤压力很高，所以采用黏土质高强度耐火材料。每层均有下料口与下层相通，下料口分别设置在奇偶层的中间和边缘。炉子每层设有操作门、观察孔、空气进气口及烟气排出口，便于清理炉膛、及时更换耙臂耙齿和观察炉内情况。为保证炉内反应温度，分别在各层设有 2 ~ 4 个燃烧器，采用天然气加热，同时配置一套喷雾冷却系统，用做炉温的控制。每台多膛炉附带冷却风机、助燃风机、中轴驱动系统等。

多膛炉原料一般经过干燥预处理后再经加料系统送入炉内。预处理系统一般选用干燥机与破碎机的组合方式，烘干破碎后的原料通过气力输送系统送至加料系统失重秤内，然后通过失重秤计量后均匀出料，通过输送设备加入到多膛炉内焙烧。

焙烧产生的高温氧化钼通过冷却圆筒进行冷却降温后，再经过破碎筛分进入料仓等待包装。而焙烧产生的烟气通过中间层的烟道进入到两级收尘系统进行降温收尘，得到的含钼烟尘返回到上料系统。

多膛炉焙烧中物料全部封闭并采用全自动化生产，由中心监控室微机监控，所有设备运行情况及其简单故障均可在微机上操作。同时炉内温度分段控制，燃烧器大小调节也全部在电脑上完成，极大地提高了自动化控制程度，减轻了劳动强度。

相关数据表明，多膛炉单位产品消耗标煤 0.2t/t 氧化钼左右，较其他焙烧氧化钼设备能源消耗显著减少，单位成本及人工成本也大幅度降低，而且产量高，质量符合标准。因此，多膛炉是最适宜于生产氧化钼的焙烧炉型。多膛炉焙烧钼精矿设备连接见图 5-4。

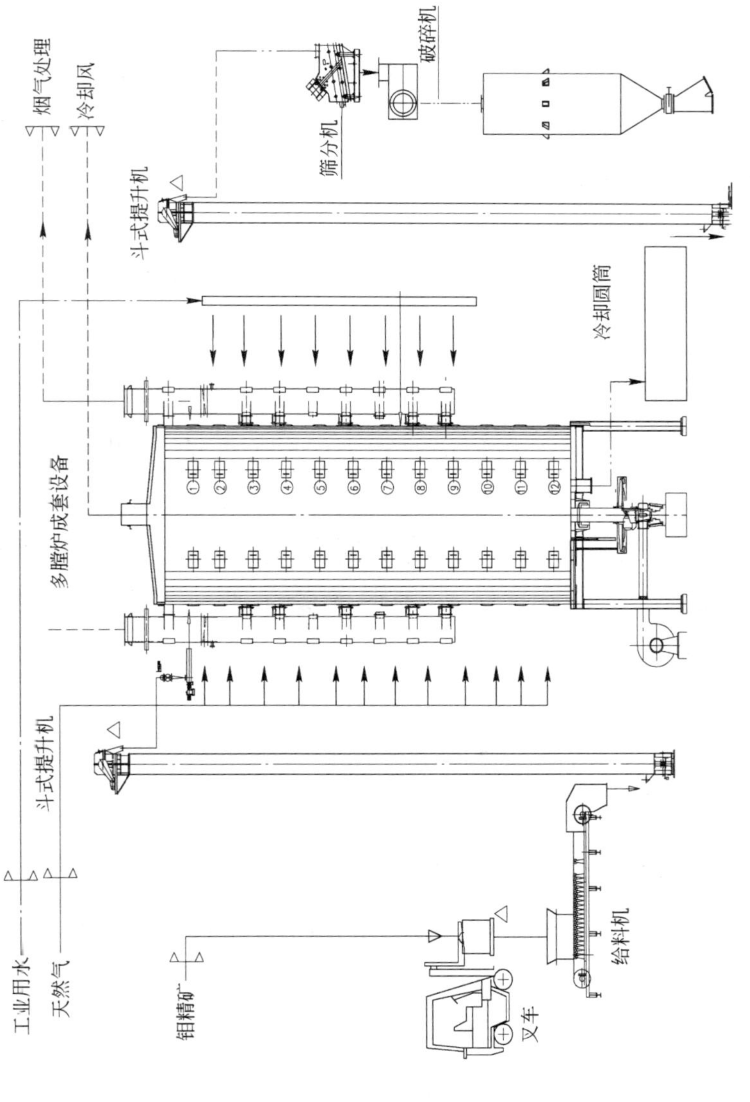

图 5-4　多膛炉焙烧钼精矿设备连接图

（二）内热式回转窑

回转窑由筒体、支撑装置、传动装置、筒体大齿轮和加热系统几个部分组成。

筒体是回转窑的躯干，是回转窑的主要组成部分，其内部砌筑耐火砖。回转窑的直径和长度决定着其生产能力，筒体倾斜坐落在相应的托轮上，在筒体上装有大齿轮，由传动装置带动，在托轮上回转，传动装置一般为机械传动。支撑装置是回转窑的重要组成部分，它承受着回转部分的全部重量，对筒体起着轴向和径向定位作用。

内热式回转窑供热系统一般使用燃煤式直燃炉或煤气发生炉，燃料充分燃烧再通过净化室沉降后将干净的热空气送入窑内。

原料预处理系统一般使用闪蒸干燥机，收尘系统使用离心收尘（重力沉降）或袋式除尘器（静电除尘器）的两级除尘系统。内热式回转窑焙烧钼精矿设备连接见图 5-5。

二、钼铁冶炼装备

钼铁冶炼系统由炉筒、炉台、集烟罩和收尘器组成。

炉筒外壳为 5 ~7mm 厚锅炉钢板卷成的圆柱形筒体，内部砌衬一层约 100 ~150mm 厚的耐火砖，并涂敷一层耐火泥。炉筒的大小视生产规模而定，国内常见炉筒外径为 2 ~2.5m，约产 2 ~4t 钼铁。

炉台分固定式炉台与移动式炉台两种。

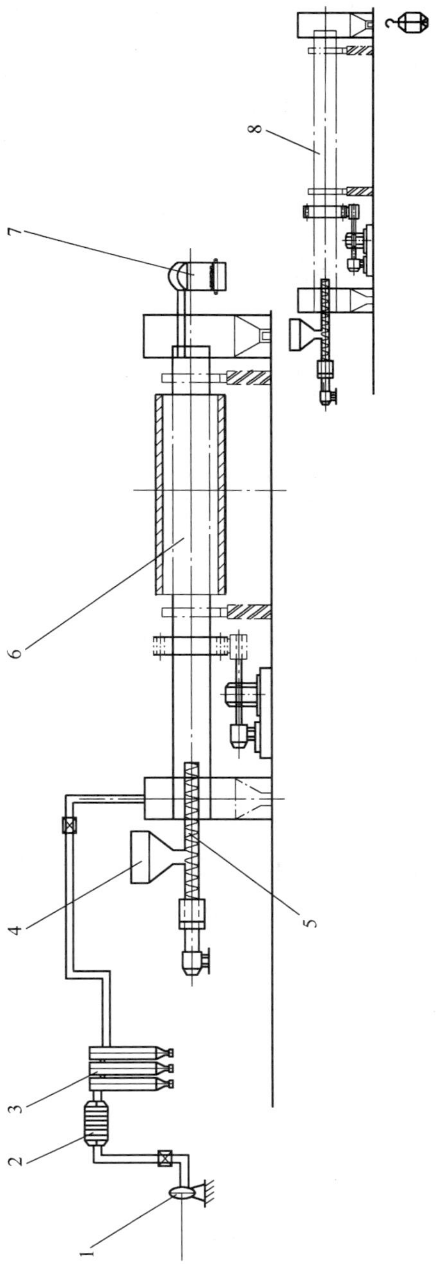

图5-5　内热式回转窑焙烧钼精矿设备连接图

1—引风机；2—布袋除尘器；3—旋风除尘器；4—料仓；5—螺旋给料机；
6—内热式炉筒；7—燃煤燃烧器；8—冷却装置

固定式炉台是砂基不在小车上而在固定台基上放置，此时，炉筒用砌衬耐火砖的炉盖盖严，炉盖上留有排烟孔，烟气排出进入收尘系统（一般为袋式除尘器），经收尘后的废气排空。

移动式炉台是一个铺满型砂的钢制小平车，型砂的厚度通常在 25 ~ 30cm 以上，炉筒竖在砂基上，炉筒底部作成砂窝供积存熔融的钼铁。

国内钼行业原辅料混料设备的选用各不相同，有滚筒式、V 型等，均可以达到混料要求。钼铁锭破碎设备则以颚式破碎机为主，个别厂家从国外引入液压锤进行粗碎。钼铁冶炼设备连接见图 5-6。

第三节 钼火法冶炼安全、环保、清洁卫生

钼冶炼生产线需要达到的安全、卫生、环境保护要求指标为：生产线三废排放达到国家及地方政府环保要求，车间粉尘浓度及废气浓度符合职业健康卫生标准要求。

一、安全措施

（一）防火防爆措施

（1）天然气输送、使用安全措施。天然气输送管道、天然气调压站、天然气计量间要严格按照相关标准规范的要求设置，并设置必要的压力、流量检测装置。

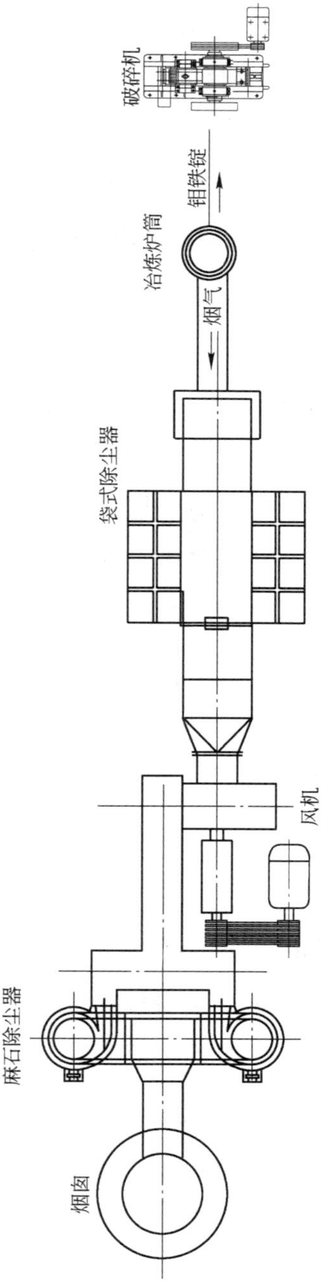

图 5-6 钼铁冶炼设备连接图

依据《爆炸性气体环境用电气设备第 14 部分：危险场所分类》（GB 3816.14—2000）规定，天然气属 2 区防爆区域，防爆等级按 2 区要求处理。

天然气输送系统采用自动控制及清扫装置，自动切断阀。吹扫装置和燃烧嘴焙烧炉供应商成套供应，由 PLC 自动控制。吹扫时间、吹扫风量由焙烧炉厂家设定于自控系统中。

（2）压力容器安全措施。压力容器和管道设计由具备设计资质的专业人员承担。选用技术、制造能力强的设备制造厂家，确保压力容器的制造、密封质量。压力容器的安全附件，如安全阀、压力表、温度计等要齐全有效。

（二）有毒有害物质防范措施

在易产生粉尘的生产部位需要设置除尘系统，每条生产线相应产尘位置均设置 1 套除尘系统，除尘器效率大于 99.8%。厂房设机械通风，应设置屋顶通风机，为厂房内创造良好的工作环境。浴室、空压机房设集中采暖。

（三）电气安全措施

为保证电器设备的安全，接地、连锁保护等均应按设计规范作充分的考虑。为确保人身安全，凡正常不带电的用电设备的金属外壳、电缆桥架均要有可靠的接零保护。

高压配电装置均设防雷装置，对直击雷设避雷针保护，对感应雷设避雷器保护。为防止雷击，除控制柜安装与地绝缘外，其余高低压电气设备外壳、建筑物钢筋的避雷设施均应连为一体接地。

（四）灼烫伤害防范措施

高温物料设备管道连接无焊漏，且均做气密性试验，在生产过程中确保不存在泄漏情况。

高温烟气、蒸汽管道远离操作区域，并作相应保温处理，保温层要计算确定，使保温外表面温度满足防烫伤要求。容易发生灼烫伤害的部位设警示标志。高温作业区域设置有安全操作通道。

（五）机械伤害防范措施

各设备在设计中进行合理布置，外露转动、传动部位设置安全防护罩或安全栏杆，以进行良好的防护。

胶带运输机设有防止逆转、断带、跑偏的措施，胶带运输机跨越人行道或运输道时，均在两侧加设防护拦板。

（六）特种设备安全措施

为了避免起重设备事故的发生，采取如下安全措施：

对起重机载重量进行合理配置，生产过程中严禁超载起吊。起重机设过卷、超载、极限位置限制器及启动与事故信号装置，并设置安全连锁保护装置。起重机的运行机构，设置有行程限位开关、缓冲器和起重限制器，轨道端部有止挡或立柱。设置作业上下起重机的通道。在起重机运行区间设置安全警示标志。

（七）高处坠落防范措施

所有平台、走梯、孔、洞等可能坠落处均设有钢盖板和安全栏杆，并设明显标志。栏杆应以坚固、耐久的材料制作，并能承受荷载规范规定的水平荷载，栏杆具有足够的高度。

高处作业场所和需经常登高检修的设备、设施，装设钢梯。高空或高处作业（2m 以上）必须系安全带，并将钩子拴在牢固的地方。所有地下设施均设有出入口及单独照明采光。

（八）安全标志

含天然气、SO_2 烟气等危险气体的管道等均按规定涂安全色。对于容易积聚天然气、SO_2 烟气等危险气体的区域设警示标志。在易导致泄漏或易积聚易燃易爆品的场所设立醒目标志，加强巡检、管理。道路路口等处设置醒目的“当心车辆伤害”安全警示标志。高温设备附近设“当心灼烫伤害”警告标志。泵、风机等位置设置“当心机械伤害”标志。在车间应设置应急疏散指示标志等。厂房内设置“严禁烟火”标志。

二、环保、卫生措施

（一）废气处理

（1）粉尘产生的地方设置除尘系统进行除尘净化，除尘效率不小于99.8%，净化后的气体经排气筒排出，排放高度大于15m，并高出厂房3m，粉尘排放浓度及排放速率低于《大气污染物综合排放标准》中 120mg/m^3、3.5kg/h 的二级排放标准限值。

（2）焙烧、冶炼烟气通过收尘系统进行收尘，收下的烟尘用输送装置返回焙烧、冶炼系统，收尘系统为负压操作，无烟气泄漏。

（3）收尘后的焙烧烟气送配气生产硫酸；冶炼烟气经淋洗、吸收处理。

（二）废水处理

钼铁冶炼用水较多，主要用作钼铁锭与渣的降温。而一般企业所选工艺均需对烟气进行淋洗，排出的酸性污水可加入石灰乳和絮凝剂，反应后的废水通过沉淀、过滤后可返回淋洗系统，滤渣送至指定场所堆放。水循环使用，重复利用率达90%以上。

（三）噪声控制

产生高噪声的主要设备有风机、破碎机、空压机等，这些高噪声设备的噪声声级均超过85dB(A)。对这些高噪声设备，除采取设置减振基础、安装消声装置等降噪措施外，还分别把这些高噪声设备设置在建筑物内，利用建筑隔声来减轻设备噪声对外部环境的影响。

（四）绿化

绿化在防止污染、保护和改善环境方面起着特殊的作用，由于它具有较好的调温、调湿、吸灰、吸尘、改善小气候、净化空气、减弱噪声的功能，因此绿化设计对保护环境、改善劳动条件、保证职工健康、提高工作效率等方面有着特殊的意义。

（五）环境管理与监测

环境保护和劳动安全卫生工作实行一级机构、二级管理。在生产实践中应有环保安全负责单位，负责管理环境保护和劳动安全卫生工作；生产车间设兼职环保安全员，负责本车间环保安全的日常工作。

环境监测工作采用两级监测，一部分定期由当地有资质的环境保护监测站进行，一部分由生产单位自行监测。

第二章 钼的湿法冶炼

第一节 钼精矿的湿法冶炼

氧化焙烧法适宜于处理合格的辉钼精矿，其产出的焙砂可直接用于炼钢或净化提纯三氧化钼，但它对铼的总回收率低，且有 SO_2 污染，特别是处理低品位的辉钼精矿时，其焙烧纯度差，不能直接用于炼钢，也不利于湿法净化。由于杂质过多，在焙烧过程中物料容易烧结而不利于操作，因此在20 世纪 50 年代开始研究用湿法氧化法处理低品位的钼精矿。

一、酸性或碱性条件下氧压浸出法

无论是酸性条件还是碱性条件下的氧压法都是在高压釜内使 MoS_2 氧化为可溶性钼酸盐。碱性条件下高压氧化浸出的主要工艺条件为：温度 130 ~ 200℃，总压力 20 ~ 25MPa，反应时间 3 ~ 7h，NaOH 用量为理论量的 1. 0 ~ 1. 03 倍。

氧压煮法和硝酸氧化法主要消耗廉价的氧化剂空气或纯氧，但过程中需要高温高压，对反应设备要求很高，反应条件苛刻，生产技术难度较大，浸出过程中的工艺条件也较难控制，且生产中存在一定的安全隐患，一般较难应用于中小型生产厂家，目前国内已有厂家停用该法。

二、次氯酸钠法

在处理低品位钼矿物原料时，次氯酸钠是一个很有效的氧化浸出剂，在氧化浸出过程中，次氯酸钠本身也会缓慢分解析出氧，其他的一些金属硫化物也会被次氯酸钠氧化，这些金属的离子或氢氧化物又会与钼酸根生成钼酸盐沉淀，使进入溶液的钼又返回到渣中，控制适当的浸出条件，可以减少其他金属硫化物的氧化浸出。反应式如下：

$$MoS_2 + 9OCl^- + 6OH^- = MoO_4^{2-} + 9Cl^- + 2SO_4^{2-} + 3H_2O$$

次氯酸钠法尽管反应条件温和，生产易控制，对设备要求不高，设备投资成本低，但原料次氯酸钠消耗量大而造成生产成本过高，该法常用于低品位中矿、尾矿的浸出，其改进工艺氯碱法虽可适当降低药剂成本，但存在氯源供给限制及氯污染问题。

三、电氧化法

电氧化法处理辉钼矿是由次氯酸钠法改进而来的，即在电解槽中集 NaClO 的生成和辉钼矿的氧化为一体。将已经浆化的辉钼矿物料加入到装有氯化钠溶液的电解槽中，在电氧化过程中，电解槽两极电化学过程如下：

阳极电化学反应：

$$2Cl^- \longrightarrow Cl_2 + 2e$$

阴极电化学反应：

$$2H_2O + 2e \longrightarrow 2OH^- + H_2$$

阳极产物 Cl_2 又与水反应，生成次氯酸根 ClO^-，ClO^- 再氧化矿物中的硫化钼，使钼以钼酸根形态进入溶液中。电化学方法可提供极强的氧化、还原能力，并能通过改变电化学因素，如电流密度、电极电位、电催化活性及选择性等，较为方便地控制、调节反应的方向、限度、速率。它继承了次氯酸钠法浸出率高、反应条件温和、无污染的特点。

全湿法工艺的浸出成本及设备问题是制约全湿法工艺发展的主要因素，因此目前全湿法工艺发展的趋势是寻找更为优良廉价的氧化剂，减少工艺流程，降低对生产设备的要求及生产成本，并与溶剂萃取法、离子交换法相结合发展计算机控制的智能化现代生产工艺。

第二节　氧化钼的湿法冶炼

钼的湿法冶金过程主要是以经氧化焙烧后的粗氧化钼（工业上俗称钼焙砂）为原料，经过一系列化学过程后，生产提纯制成钼的化学品的过程。钼化工产品的主要代表为钼酸铵，它既是重要的化学品，也是制取金属钼的主要原料。

一、钼酸铵的制备技术

按照生产方式和使用要求的不同，工业上钼酸铵又分为二钼酸铵、四钼酸铵、七钼酸铵等，其中以四钼酸铵最为常见。

（一）四钼酸铵的生产

四钼酸铵的生产工序主要包括钼焙砂酸洗预处理、氨浸出、净化、酸沉、烘干包装等过程。

（1）钼焙砂酸洗预处理。钼焙砂中除了三氧化钼外，还含有钙、铁、铜、铅、锌等的钼酸盐及钙和铜的硫酸盐，以及三氧化二铁、二氧化硅等杂质和未完全氧化的辉钼矿、二氧化钼，特别是钾元素，一旦进入钼酸铵溶液则很难与钼主体分离。通过钼焙砂酸洗预处理，可以有效减轻溶液净化负担，因此现在钼酸铵的生产多数有钼焙砂酸洗预处理过程。

酸洗过程的主要化学反应为：

$$MeO + 2HNO_3 \longrightarrow H_2O + Me(NO_3)_2$$

$$MeMoO_4 + 2HNO_3 \longrightarrow H_2MoO_4 \downarrow + Me(NO_3)_2$$

$$MeSO_4 \longrightarrow Me^{2+} + SO_4^{2-}$$

（Me:金属钙、镁、铜、镍、锌、铁等）

酸洗过程中三氧化钼在水相中有溶解现象，需要在酸洗液中加入铵盐来抑制钼的溶解，生产上通常通过补加酸沉母液来达到此效果。

钼焙砂酸洗预处理操作过程是：在搪瓷或其他防腐反应锅中加入一定量的酸沉母液、硝酸或盐酸溶液，加入钼焙砂，边搅拌边加热至80～90℃，保温1.5～2h，控制终点pH值为0.5～1.5，固液分离。固相送入下道氨浸工序，母液作回收钼的处理。

（2）氨浸出。钼的氨浸出是利用三氧化钼易溶于氨水的原理，将钼焙砂置于氨水溶液中浸出其中的钼，使钼生成钼酸铵溶液。焙砂中的大量杂质如三氧化二铁、二氧化硅等会留在浸出渣中与钼分离，达到钼初步提纯的目的。

氨浸出的主要化学反应为：

$$MoO_3 + 2NH_4OH \longrightarrow (NH_4)_2MoO_4 + H_2O$$

铜、锌、镍的钼酸盐和硫酸盐也分别被浸出，主要化学反应为：

$$MeMoO_4 + 4NH_4OH \longrightarrow [Me(NH_3)_4]MoO_4 + 4H_2O$$

$$MeSO_4 + 6NH_4OH \longrightarrow [Me(NH_3)_4](OH)_2 + (NH_4)_2SO_4 + 4H_2O$$

钼酸亚铁、钼酸铁与 NH_4OH 反应时会生成 $Fe(OH)_2$ 或 $Fe(OH)_3$ 覆盖膜，覆盖在氧化钼颗粒的表面，使反应缓慢。二价铁部分以铁氨配合物进入溶液，主要化学反应为：

$$FeMoO_4 + 2NH_4OH \longrightarrow (NH_4)_2MoO_4 + Fe(OH)_2\downarrow$$

$$Fe(OH)_2 + 4NH_4OH \longrightarrow [Fe(NH_3)_4](OH)_2 + 4H_2O$$

$CaSO_4$ 与浸出液中的 MoO_4^{2-} 生成 $CaMoO_4$ 沉淀，主要化学反应为：

$$CaSO_4 + MoO_4^{2-} \longrightarrow CaMoO_4\downarrow + SO_4^{2-}$$

氨浸出操作过程是：在带搅拌条件的反应锅中，加入氨水（也可以先加水再边充入液氨配制成氨水溶液边投入钼焙砂），氨浓度为 8% ~10%，加入钼焙砂的量按固：液比约为 1：（2 ~ 4）计算，反应温升约为 30 ~ 50℃，控制反应时间

1h，终点 pH 值为 9 ~ 10。固液分离后，液相待用，固相进行二次氨浸并加热到 70 ~ 80℃保温 1h，再次固液分离，二次液相与一次浸出液合并配料送入下道净化工序，氨浸出渣送回收处理工序回收钼。

氨浸工序的控制因素主要有浸出溶液的 pH 值、反应温度、反应时间和固液分离等，但浸出效果主要由钼焙砂的质量所决定，正常情况下钼浸出率为 80% ~ 95%，浸出渣率为 15% ~ 25%（最高可达 40%），浸出渣含钼量达 5% ~ 25%。

（3）溶液的净化。在三氧化钼氨溶液进入溶液的过程中，也有不少杂质同时进入溶液，通常可见溶液呈现为天蓝色，这就是铜溶解形成铜氨配合物的效果，为保证钼酸铵产品的质量，必须对溶液进行深度净化。现行钼酸铵溶液的净化主要是加入硫化铵溶液与杂质形成不可溶沉淀，与钼主体分离。

加硫化铵净化的基本原理是：利用某些杂质的硫化物在碱性溶液中的溶度积很小的特点，生成硫化物沉淀从而与钼分离。例如硫化铜（CuS）的溶解度为 9.1×10^{-23} mol/L，硫化亚铁（FeS）的溶解度为 6×10^{-10} mol/L。净化过程主要反应为：

$$[Cu(NH_3)_4](OH)_2 + (NH_4)_2S + 4H_2O \longrightarrow CuS\downarrow + 6NH_4OH$$

$$[Fe(NH_3)_6](OH)_2 + (NH_4)_2S + 6H_2O \longrightarrow FeS\downarrow + 8NH_4OH$$

硫化铵加入溶液后，S^{2-} 会在溶液中发生水解现象，自由状态离子浓度低，虽然 Ni^{2+}、Zn^{2+} 与 S^{2-} 形成的沉淀的溶度积常数很小，但 Ni^{2+}、Zn^{2+} 与 NH_3 形成的配合稳定常数很大，其在溶液中的自由离子浓度很低，难以形成硫化物沉淀，因此该法去除镍、锌的效果较差。为保证除杂效果，硫化铵的加入量应高于沉淀铜、铁的理论需要量。

过量的硫化铵会残留于钼酸铵溶液中，在下道工序进行酸沉结晶的过程中会形成钼的磺酸盐，影响产品品质，因此要加入氧化剂进行除硫。生产上除硫通常是向溶液中加入过氧化氢，将过量 S^{2-} 氧化生成单晶硫沉淀分离，化学反应为：

$$(NH_4)_2S + H_2O_2 \longrightarrow S\downarrow + 2NH_4OH$$

过氧化氢的加入同样会溶解已形成的硫化物沉淀，因此，钼酸铵溶液中加入硫化铵形成硫化物沉淀后，溶液要与沉淀分离后才能进行除硫的操作。

钼焙砂中若 P、As 含量较高时，在氨溶时也会进入钼酸铵溶液，需要进行除杂分离，通常是在加入硫化铵净化的同时，向溶液中加入镁盐来沉淀分离 P、As 杂质，溶液中残存的 Si 也有同样的化学反应，形成沉淀产物从而与钼酸铵溶液分离。以加入氯化镁为例，该过程的化学反应为：

$$MeHPO_4 + MgCl_2 + NH_4OH \longrightarrow$$

$$Mg(NH_4)PO_4\downarrow + MeCl_2 + H_2O$$

$$MeHAsO_4 + MgCl_2 + NH_4OH \longrightarrow$$

$$Mg(NH_4)AsO_4\downarrow + MeCl_2 + H_2O$$

$$Na_2SiO_3 + MgCl_2 \longrightarrow MgSiO_3\downarrow + 2NaCl$$

$MgCl_2$ 的加入量必须严格控制，加入量不足时难以达到除杂效果；加入量过多时会残留在溶液中，要有专门的除镁过程，否则会引起产品中杂质 Mg 含量的升高，影响最终产品质量。

钼酸铵溶液的净化过程是，在净化槽中配制钼酸铵溶液，调整溶液密度在 1.12～1.16g/cm^3，pH 值为 8.5～9.0，对溶液进行加热，控制溶液温度为 80℃，在搅拌条件下，缓慢加入硫化铵溶液，此时溶液出现黑色沉淀，检查溶液过滤至呈现为无色透明后，再过量部分硫化铵，停止搅拌，静置 8h；将上层清液移入新的反应槽，在搅拌条件下，缓慢加入过氧化氢，取样用浓度为 0.1mol/L 的硝酸银溶液滴加试验至无黑色反应，为反应终点，静置 48h 待用。

（4）酸沉析出多钼酸铵。酸沉工序的目的是用酸中和钼酸铵溶液，使之生成多钼酸铵结晶从溶液中沉淀析出，同时与溶解于母液中的杂质有效分离。

酸沉结晶的基本原理是：随着溶液加酸过程的进行，溶液 pH 值下降，溶液中钼酸根会发生聚合现象，溶液 pH 值达到 2 左右时，会聚合生成四钼酸铵结晶沉淀，该过程的化学反应式有：

$$4(NH_4)_2MoO_4 + 6H^+ \longrightarrow$$
$$(NH_4)_2Mo_4O_{13} \cdot 2H_2O \downarrow + 6NH_4^+ + H_2O$$

中和酸化用酸可以是盐酸、硝酸和硫酸，工业上使用最为常见的为浓硝酸。除了酸的纯度高以外，硝酸还能氧化溶液中的低价钼，产品结晶形态好。

酸沉工艺过程是：将净化后的钼酸铵溶液过滤后放入酸沉反应锅内，控制溶液温度在 20～30℃ 之间（如溶液温度过高或过低则要冷却或加热）。开动搅拌桨，加入浓硝酸，溶液未变浑前，加酸速度可快些，溶液变浊出现结晶后，减慢加酸速度，并检测溶液的 pH 值，当溶液 pH 值到达 1.5 ~ 2.5 时停止加酸，并及时测量和调节。保持数分钟以后，立即放料进行固液分离。钼酸铵送入烘干工序，钼酸铵结晶母液进入沉淀池，进行钼的回收。

溶液中钼酸根的聚合结晶受多种因素的影响，工业生产条件下，酸沉结晶形成的钼酸铵夹带有钼的多种聚合形式，就生成的四钼酸铵而言，是一种亚稳态结晶，随着物料的烘干和存放条件的变化，钼酸铵结晶会失去结晶水，最终转变成晶粒更细的 α 型钼酸铵、β 型钼酸铵、微粉型钼酸铵或者它们的多种混合物。有资料表明，β 钼酸铵特别适宜钼的深加工，用于制造钼丝产品。

酸沉工序的主要控制内容有：

1）保证钼酸铵溶液的纯度，杂质分离效果要保证。控制合适的钼酸铵浓度、游离氨量和溶液的 pH 值。通常是控制溶液的 pH 值为 8.5 左右，游离氨浓度约为 50g/L。

2）在酸沉过程中，加酸速度很重要，因为它一方面影响反应的放热量，一方面影响钼酸根的聚合状态，同时也影响到钼酸铵晶体的形成和生长，因此希望在结晶前期加酸速度要快，一旦晶核形成则要选择慢速加酸来微调溶液的 pH 值，从而生成颗粒粗大而均匀的产品。

3）酸沉过程搅拌要充分和均匀，防止局部过酸；酸沉过程结束以后，要及时固液分离，及时烘干，防止钼酸铵晶粒风化破碎。

（5）烘干与包装。结晶后的钼酸铵产品经固液分离后，还会夹带有2%～5%的水分，需要进一步加热烘干以去除水分。在烘箱料架上均匀布上薄薄的钼酸铵物料，以利透气和水分挥发，置于90～120℃条件下烘干，烘干过程中要注意防尘以及防杂质污染。烘干后的物料冷却后要及时筛分以防在空气中吸潮。筛分后的钼酸铵产品在混料机中合批混合，这样物料就会均匀一致，松散而流动性好，物料经计量包装成为成品。

（二）二钼酸铵的生产

二钼酸铵产品晶型稳定，松装密度高，在深加工制取钼粉的过程中体现了良好的加工性能，因此是钼深加工的首选原料。

二钼酸铵的生产特点是：将四钼酸铵溶解于氨水溶液中，制取氨性的钼酸铵溶液，钼酸铵溶液经加热后，水分蒸发，氨气挥发，溶液密度上升，二钼酸铵从过饱和溶液中结晶出来，四钼酸铵结晶时夹带的杂质留在溶液中，所以在钼酸铵晶型转变的同时，也是钼酸铵产品提纯的过程。

二钼酸铵生产过程中的化学反应为：

$$(NH_4)_2Mo_4O_{13}\cdot 2H_2O + 6NH_4OH \longrightarrow$$

$$4(NH_4)_2MoO_4 + 6H_2O$$

$$NH_4OH \longrightarrow NH_3\uparrow + H_2O$$

$$2(NH_4)_2MoO_4 \longrightarrow$$

$$(NH_4)_2Mo_2O_7\downarrow + 2NH_3\uparrow + H_2O$$

在溶料过程中，其他杂质也相应地生成氢氧化物沉淀下来，在溶液过滤时大部分被除去。

化学反应式有：

$$Ca^{2+} + 2OH^- \longrightarrow Ca(OH)_2 \downarrow$$

$$Mg^{2+} + 2OH^- \longrightarrow Mg(OH)_2 \downarrow$$

$$Fe^{3+} + 3OH^- \longrightarrow Fe(OH)_3 \downarrow$$

$$Fe^{2+} + 2OH^- \longrightarrow Fe(OH)_2 \downarrow$$

二钼酸铵生产的工艺过程如下：按四钼酸铵∶水∶氨水 = 1∶0.4∶（0.5 ~ 0.55）的固液比，首先往溶料槽中加蒸馏水和氨水，加热至70 ~ 80℃，开动搅拌桨，再分步依次加入四钼酸铵到溶液中，加料速度不宜过快，至溶解澄清，才可继续加料；溶液密度控制在 1.30 ~ 1.35g/cm^3 之间，溶液 pH 值大于8。溶料结束后的溶液经过过滤除杂，移入结晶反应锅中进行加热煮沸，蒸发结晶。当母液密度降至 1.24 ~ 1.26g/cm^3 时停止加热，冷却后进行固液分离。二钼酸铵经烘干包装组批为成品，结晶母液返回四钼酸铵酸沉工序处理。

（三）七钼酸铵的生产

七钼酸铵具有优异的水溶性能，在化学试剂、催化剂行业有广泛的应用，是重要的钼化学产品。

七钼酸铵的生产原理是：将四钼酸铵溶解于热的氨水溶液中，制取钼酸铵的过饱和溶液，然后对溶液进行冷却，七钼酸铵从溶液中结晶出来。七钼酸铵生产过程的化学反应为：

$$7(NH_4)_2Mo_4O_{13}\cdot 2H_2O + 10NH_4OH \longrightarrow$$
$$4(NH_4)_6Mo_7O_{24}\cdot 4H_2O\downarrow + 3H_2O$$

七钼酸铵生产的工艺过程如下：首先用纯水和氨配制6%～8%稀氨水溶液，按四钼酸铵：氨水＝1：(0.6～0.9)的固液比，往溶料槽中加入氨水溶液，加热至70～80℃，开动搅拌桨，慢慢加入四钼酸铵到溶液中，加料速度不宜过快，至溶解澄清，才可继续加料；终点溶液密度控制在1.50～1.60g/cm^{3}之间，溶液pH＝6.5左右。溶料结束后的溶液经过过滤除杂，进入结晶反应锅，在搅拌条件下对溶液进行冷却操作，溶液冷却到常温后，固液分离。七钼酸铵经烘干包装组批为成品，结晶母液返回四钼酸铵酸沉工序处理。

(四) 八钼酸铵的生产

PVC（聚氯乙烯）电缆中添加八钼酸铵后，PVC热解过程形成的多烯为顺式和反式相结合的结构，反式多烯的形成有助于成炭，从而起到抑烟作用。它常与其他阻燃抑烟剂共同使用。八钼酸铵的生产方式主要有：

(1) ADM热分解法。以二钼酸铵加热分解生产八钼酸铵，化学反应方程式为：

$$4(NH_4)_2Mo_2O_7 \longrightarrow (NH_4)_4Mo_8O_{26} + 4NH_3\uparrow + 2H_2O\uparrow$$

将二钼酸铵加热到180～220℃，二钼酸铵分解生成八钼酸铵，这种方式生产的八钼酸铵的质量有些波动，粒度也较粗。

(2) 合成法。合成法是以二钼酸铵为原料，在溶液状态下与三氧化钼进行合成反应生成八钼酸铵，主要化学方程式为：

$$2(NH_4)_2Mo_2O_7 + 4MoO_3 \longrightarrow (NH_4)_4Mo_8O_{26} \downarrow$$

生产过程是：在反应锅内加入纯水，在搅拌条件下，依纯水：二钼酸铵：三氧化钼 = 4:1:1 的比例，先配制钼酸铵溶液并加热到95℃，按比例加入三氧化钼，保温10min，溶液会逐步生成白色的八钼酸铵结晶，经固液分离、纯水洗涤后，于110℃干燥，破碎包装为成品。

二、钼酸钠及其他钼酸盐的制备技术

（一）钼酸钠的生产

（1）钼酸钠的生产过程主要是先制取钼酸钠溶液，溶液除杂过滤后采用蒸发结晶的方式，形成钼酸钠的过饱和溶液，溶液冷却后得到钼酸钠结晶沉淀，固液分离后，物料经烘干筛分包装为成品。

生产钼酸钠所用的钼原料来源有多种形式，有以钼焙砂为原料加工生产的，也有用钼综合利用、从钼加工过程废料（如氨浸渣）处理的，也有从含钼材料（如废钼催化剂、含钼废水）中回收来生产钼酸钠等多种生产形式。

（2）以钼焙砂为原料生产钼酸钠的化学反应有：

$$MoO_3 + 2NaOH \longrightarrow Na_2MoO_4 + H_2O$$

钼焙砂中的大部分钼会溶解进入溶液，钼焙砂中的杂质如三氧化二铁、二氧化硅等会留在浸出渣中与钼分离。

（3）钼焙砂碱浸出操作过程是：在带搅拌条件的反应

锅中，加入水、液碱或固碱，配制氢氧化钠溶液（浓度为15%～20%），加入钼焙砂的量按固∶液比约为1∶(3～4)计算，加热控制反应温度到80℃，反应时间1h，终点pH值为10～11。固液分离后，液相待用，固相加水搅拌0.5h，再次固液分离，二次液相与一次浸出液合并送入下道结晶工序，碱浸出渣送回收处理工序回收钼。

钼酸钠溶液经过滤，应呈现无色透明，送入结晶反应锅蒸发结晶，溶液达到钼酸钠溶液的过饱和状态后，形成钼酸铵结晶。溶液冷却后固液分离，物料经烘干、筛分、混料、计量包装为成品。

（二）钼酸钡的生产

（1）钼酸钡的生产通常是采用钼酸铵生产中的氨浸渣、钼酸钠生产的碱浸渣为原料来生产出粗钼酸钠溶液，经过净化、过滤后，将溶液调至中性，向溶液中加入氯化钡溶液，生成钼酸钡沉淀，经固液分离、物料烘干、粉碎、筛分包装为成品。

（2）钼酸钡生成的化学反应式有：

$$Na_2MoO_4 + BaCl_2 \longrightarrow BaMoO_4\downarrow + 2NaCl$$

（3）钼酸钡生产操作如下：首先在水中加入氯化钡并充分搅拌，配制氯化钡饱和溶液待用；将净化处理的钼酸钠溶液过滤，在搅拌条件下慢慢加入饱和氯化钡溶液，此时很快形成白色钼酸钡沉淀；接近反应终点，反应趋势变小，从液相取样过滤后再滴加饱和氯化钡溶液至没有变化为反应终点；溶液静置沉淀。待溶液澄清并抽出上层水相后，加水搅拌、洗涤多次。固液分离后的钼酸钡成块状物料，放置于90～120℃条件下烘干。烘干后，用粉碎机粉碎后过筛、计量包装。

（三）钼酸钙的生产

钼酸钙生产的物料来源和生产过程与钼酸钡生产很相似，加入的钙盐可以是氯化钙溶液或氢氧化钙溶液，化学反应方程式有：

$$Na_2MoO_4 + CaCl_2 \longrightarrow CaMoO_4\downarrow + 2NaCl$$

钼酸钙沉淀生成以后，经水洗去杂、固液分离、物料烘干、粉碎、筛分包装为成品。

三、纯三氧化钼的制备技术

纯三氧化钼是对应于工业氧化钼（即钼焙砂）而言的，纯三氧化钼作为钼深加工和钼催化剂生产的重要原料在工业上有广泛应用。纯三氧化钼的生产通常有钼焙砂升华法和钼酸铵焙解法两种方式。

（一）升华法制取纯三氧化钼

升华法的原理是：利用三氧化钼在高温时有蒸气压高、易升华的特点，将钼焙砂置于高温条件下，三氧化钼以三聚合形态升华进入气相，而大部分杂质仍留在固相中，三氧化钼从气相冷凝结晶，与杂质分离从而得到提纯。

三氧化钼的熔点为795℃，在温度超过其熔点时，蒸气压显著升高，在1100～1150℃达到沸腾。钼酸铅在高于其熔点1050℃以上有挥发现象，因此在使用含铅量较高的钼焙砂时，操作温度一般控制在1000℃以下，以避免铅对三氧化钼产品的污染。

升华法生产的操作过程有：将钼焙砂加入升华炉，控制炉温在900～1000℃，同时向炉内通入空气，升华的三氧化钼蒸气随同空气流进入收尘风罩中，在气流中冷凝后汇集到收集布袋中，得到纯三氧化钼。钼焙砂中60%～70%的三氧化钼会蒸发变成纯三氧化钼，30%～40%未蒸发的三氧化钼残留在炉内，可通过化工湿法处理方法回收利用。

生产上有时也会用钼深加工过程中的钼粉、钼材边角料作为三氧化钼升华的原料，在炉内高温条件下，钼与空气中的氧气反应，急骤氧化升华，并产生大量的热量，此时可以不用外热，整个反应能持续进行。

（二）钼酸铵焙解法

工业上生产纯三氧化钼，通常采用钼酸铵煅烧法。煅烧法制取三氧化钼的原理是：将钼酸铵置于450～550℃的温度下，钼酸铵会受热分解放出其中的氨气和水，得到三氧化钼，此过程常称为钼酸铵的焙解。以四钼酸铵为例，其化学反应方程为：

$$(NH_4)_2Mo_4O_{13}\cdot 2H_2O \longrightarrow 4MoO_3 + 2NH_3\uparrow + 3H_2O\uparrow$$

各种钼酸铵的受热分解过程有一些差别，但大致是钼酸铵受热分解是逐步进行的，先是结晶水的分解，然后分解放出氨气和水汽，因此钼酸铵分解要经历由低温到高温的过渡过程。分解出的氨气要及时排出，否则在高温条件下，已分解出的氨气会与已生成的三氧化钼发生还原反应，生成如二氧化钼等低价钼，化学反应式有：

$$3MoO_3 + 2NH_3 \longrightarrow 3MoO_2 + N_2\uparrow + 3H_2O\uparrow$$

四、钼酸铵等生产过程中的三废处理技术

在钼的化工生产过程中会同步产生三废现象，除了有生产环境友好、满足环保要求、做到达标排放的管理要求外，其中也有宝贵的钼的二次资源和化工材料。因此对生产过程中三废的处理已成为钼化工行业的重要课题。

（一）钼废渣的处理

钼化工生产过程中形成的废渣主要来自钼焙砂的氨浸渣和碱浸渣。钼焙砂在氨水或碱溶液溶解过程中，三氧化钼生成钼酸铵溶液，钼焙砂中不溶和难溶的钼酸盐，如 $CaMoO_4$、$FeMoO_4$、$PbMoO_4$ 等会留在浸出渣中，还有焙烧时未充分氧化的二硫化钼和二氧化钼等低价钼也会留在浸出渣中，其钼的含量大约在 5% ~25%。对其中钼的回收方法为：首先将钼转变成可溶性钼酸盐进入溶液，再进行有效回收。目前主要有以下三种处理方法：

（1）苏打烧结法。在 700 ~750℃ 的条件下，各种钼酸盐均与碳酸钠作用生成可溶性钼酸钠，主要化学反应方程式为：

$$MeMoO_4 + Na_2CO_3 \longrightarrow Na_2MoO_4 + MeCO_3\downarrow$$

在有氧化剂硝酸钠或空气存在下，其中的 MoO_2、MoS_2 氧化并与碳酸钠作用生成钼酸钠。

（2）苏打高压浸出法。浸出温度约为 180 ~200℃，操

作压力约为1.2～1.5MPa。当渣中MoO_2、MoS_2含量较高时，宜加入适量氧化剂来完成反应。

（3）酸分解法。将浸出渣中的不溶和难溶于氨或碱的钼酸盐，用浓度为20%～30%的盐酸分解形成钼酸沉淀，然后用氨水或烧碱溶解钼酸，其钼酸盐溶液转入相应生产工艺流程。

生产实践过程中，通过对浸出渣进行钼的物相分析，结合回收生产的钼产品品种来确定采用相应工艺。比如，浸出渣中钼主要以钼酸铁、钼酸钙等形式存在时，可直接采用热的纯碱溶液来浸出处理，钼会有良好的浸出效果。为保证钼的有效浸出，推动化学反应平衡移动，加入的纯碱是过量的。浸出形成的钼酸钠、碳酸钠混合溶液加酸酸化，去除碳酸根，生成钼酸加以回收；可以处理生产钼酸钡或钼酸钙；也可以通过离子交换树脂选择性吸附钼酸根，以氨水作为解析剂，解析后并入钼酸铵生产流程。

如果钼精矿焙烧效果不好，浸出渣中MoO_2、MoS_2等低价钼含量过高，苏打烧结法是比较好的回收钼处理方式。

处理回收钼以后的尾渣的主要成分是氢氧化铝、氢氧化铁和二氧化硅，可以作为水泥、制砖的原料。

（二）含钼废水的处理

钼化工生产过程中形成的含钼废水，主要来自焙砂酸洗预处理工序形成的母液和四钼酸铵酸沉结晶工序产生的母液。母液含钼量在5～6g/L。现行采用的回收方式主要是通过离子交换来回收溶液中的钼。

典型的离子交换工艺是：选取带—$N(CH_3)_2 \cdot H_2O$ 基团的大孔弱碱阴离子交换树脂，用清水漂洗后，加稀盐酸浸泡转型为氯形树脂，待用；加碱调节含钼溶液 pH 值到 2～3，溶液以 2m/h 的空塔速度通过离子交换树脂床层，用浓度为 0.1% 的单宁溶液浸泡的试纸来检验溶液，待试纸出现黄斑为交换终点；以 6% 的氨水溶液来解析吸附的树脂，得到钼酸铵溶液，并入钼酸铵生产流程。

采用离子交换法从含钼酸洗、酸沉母液回收钼，回收率可达 94% 以上，与采用传统的加酸沉降钼和加沉降剂沉降钼的方法相比，钼金属的回收率可提高 1.5% 左右。

含氨废水的处理，一直是工业生产上的难题。回收钼后的焙砂酸洗工序产生的母液和四钼酸铵酸沉结晶工序产生的母液的主要成分是高浓度的硝酸铵或氯化铵溶液，最有效的方法是溶液以氨中和到中性后直接作为农用肥料应用，或者经蒸发结晶出硝酸铵或氯化铵。

生产过程中形成的含低浓度氨的废水，可以采用反渗透技术处理，生成高浓度氨水，返回钼酸铵的生产流程。水相精馏处理技术是处理低浓度氨水的有效措施，它的基本原理是：向水相中加碱调整至碱性条件，对水相加热，溶液中的氨会从水相中蒸发出来，通过在精馏塔内进行多次气液相平衡，以氨水或液氨的形式从精馏塔塔顶排出。经过这一过程，脱氨后的废水氨氮浓度可降至 10mg/L 以下，达到国家一级排放标准（小于 15mg/L）。氨氮以氨水的形式回收，氨水可以直接作为钼酸铵生产原料使用，实现污染物的资源化。

（三）钼化工过程废气的处理

钼化工过程产生的废气主要是氨气。偏碱性的钼酸铵溶液在加热和蒸发处理时，氨气会明显从溶液中蒸发出来，恶化操作环境；钼酸铵生产纯三氧化钼的过程中，会分解产生氨气。氨在水中有很好的溶解性能，常温条件下，一个体积的水可溶解500个体积的氨，利用这一特性，采用水相喷淋加多层吸收塔可有效吸收气相中的氨。回收的氨水可返回钼酸铵生产线，节省原料氨水的用量。

第三节　钼湿法冶炼装备

一、钼酸铵制备的装备

钼酸铵生产线所用的设备主要有反应锅、压滤机、蒸发结晶器、离心机、干燥机、筛分机、混料机。

（一）反应锅

反应锅（见图5-7）是化工过程通用设备，主要由锅体、锅盖、搅拌器、电加热油夹管、支撑及传动装置、轴封装置、溢油槽等组成。锅体与锅盖白法兰密封连接，锅体下部有放料孔，锅内有搅拌器，锅盖上开进

图5-7　反应锅

料、搅拌观察、测温测压、蒸汽引出分馏、安全放空等工艺管孔。锅盖上部焊接支架上，装置电机与减速机，由传动轴驱动锅内搅拌器，轴封装置在锅盖顶部。电加热夹套上开有进排油（汽）测温、放空蒸汽阀门、电热棒等接管孔。

钼酸铵生产过程用反应锅主要用于物料的焙砂预处理、溶解、钼酸铵酸沉结晶和钼酸铵冷却结晶，物料的加热和冷却主要采用反应锅夹套蒸汽加热和夹套通冷却水调节形式，在与酸性物料相接触的地方有防酸处理，比如采用内衬搪瓷，选用耐酸的不锈钢材料等。

（二）压滤机

压滤机（见图5-8）是利用过滤介质的微孔特殊性质，使得液体渗析出来实现固相与液体的有效分离的一种机械设备，按过滤方式分有箱式压滤机、带式压滤机、隔膜式压滤机、板框压滤机等。压滤机由机架、压紧机构、过滤机构等组成。机架是压滤机的基础部件，两端是止推板和压紧头，两侧的大梁将两者连接起来，大梁用以支撑滤板、滤框和压

图5-8 压滤机

紧板；压滤机液压压紧机构由液压站、油缸、活塞、活塞杆以及活塞杆与压紧板连接组成；过滤机构由滤板、滤框、滤布、压榨隔膜组成，滤板两侧由滤布包覆，需配置压榨隔膜时，一组滤板由隔膜板和侧板组成（隔膜板的基板两侧包覆着橡胶隔膜，隔膜外边包覆着滤布，侧板即普通的滤板）。物料从止推板上的进料孔进入各滤室，固体颗粒因其粒径大于过滤介质（滤布）的孔径而被截留在滤室里，滤液则从滤板下方的出液孔流出。滤饼需要榨干时，除用隔膜压榨外，还可用压缩空气或蒸汽，从洗涤口通入，气流冲去滤饼中的水分，以降低滤饼的含水率。钼酸铵生产过程中常将隔膜式压滤机用于氯浸出渣的分离和洗涤。

（三）蒸发结晶器

在常压或负压条件下，将溶液加热至沸腾，部分溶剂汽化并移出，提高溶液浓度，继续操作至溶液达到过饱和时，溶质从溶液中形成结晶析出。常见的有 DTB 型蒸发结晶器（见图 5-9）、奥斯陆型蒸发结晶器（见图 5-10）和多效连续蒸发结晶器等。

（四）离心机

离心机是利用离心力，分离液体与固体颗粒或液体与液体的混合物中各组分的机械。离心机有一个绕本身轴线高速旋转的圆筒，称为转鼓，由电动机驱动，悬浮液加入转鼓后，被迅速带动与转鼓同速旋转，在离心力作用下各组分分离，并分别排出。通常，转鼓转速越高，分离效果也越好。工业上固液分离用离心机主要有：三足式离心机、卧式螺旋

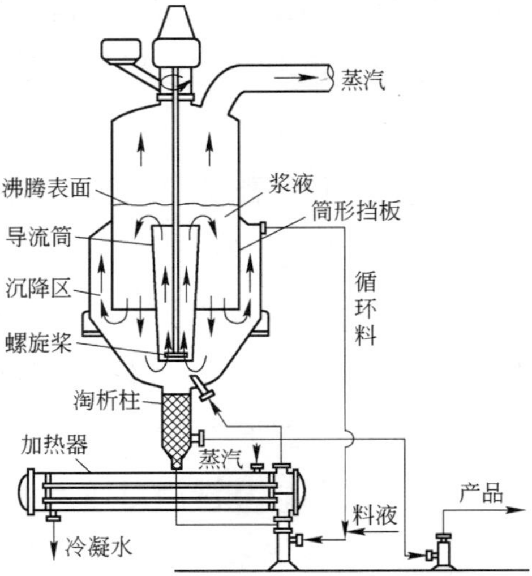

图 5-9　DTB 型蒸发结晶器

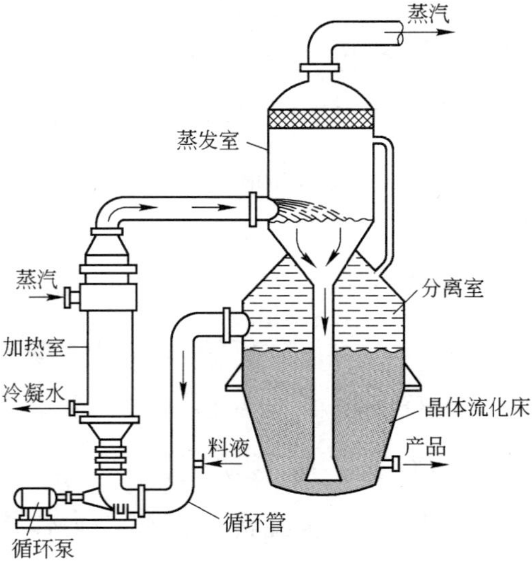

图 5-10　奥斯陆型蒸发结晶器

离心机、碟片式分离机、管式分离机，有人工卸料式和自动卸料式多种形式。

（五）干燥机

钼酸铵脱水分离后，还含有约2%～3%的夹带水分，常用的干燥方式主要有用烘箱干燥、真空干燥、沸腾干燥等。近几年开发的钼酸铵微波干燥技术具有自动化程度高、干燥效果好、节能等多方面的优点，推广应用迅速。

图5-11　筛分机

（六）筛分机

筛分机（见图5-11）是利用散粒物料与筛面的相对运动，细粒部分颗粒透过筛孔，将物料按颗粒大小分成不同级别的振动筛分的机械设备。钼酸铵生产常用单层旋振筛进行产品的筛分。

（七）混料机

为消除生产过程中批量产品之间的差异，产品要经过混料合批过程，混料过程主要由混料机来进行。钼酸铵组分单一，易于混合，常用的混料机主要有双锥混合机、V型混合机（见图5-12、图5-13）等。

二、钼酸钠及其他钼酸盐制备的装备

钼酸钠及其他钼酸盐生产的主要装备与钼酸铵生产基本相同，有反应锅、压滤机、蒸发结晶器、离心机、干燥机、

图 5-12 双锥混合机

图 5-13 V 型混合机

筛分机、混料机。

三、高纯三氧化钼制备的装备

钼酸铵加热焙解法生产高纯氧化钼的主要设备是加热电炉，有箱式电炉（见图 5-14）、回转炉和带式加热炉（见图 5-15）等形式。高纯三氧化钼生产选用的升华炉示意图如图 5-16 所示。

图 5-14 箱式电炉

图 5-15　带式加热炉

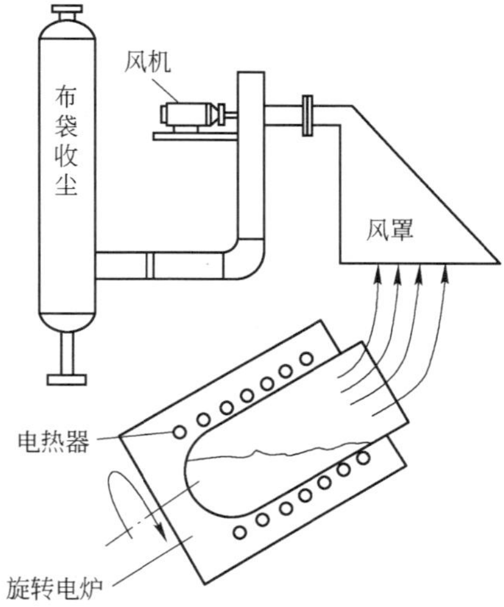

图 5-16　升华炉

四、钼酸铵等三废处理装备

（一）钼化工废渣处理设备

根据对钼焙砂浸出渣的物相分析，选择有效的处理工艺，配备相应设备，浸出渣的处理有苏打高压浸出法、苏打烧结法和酸分解法。苏打高压浸出法选用的设备主要为能耐200℃浸出温度、1.5MPa操作压力的反应锅；对氧化钼焙烧不良、低价钼高的浸出渣通常采用高温氧化焙烧的工艺，主要设备为反射炉（见图5-17）；酸分解法采用的设备主要为耐酸反应锅。

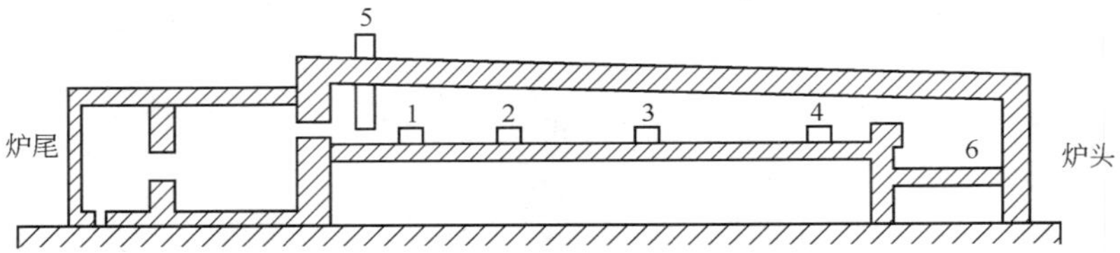

图5-17 反射炉

1~4—操作门；5—加料口；6—燃烧室

（二）钼化工废水处理设备

含钼废水的回收常见有溶剂萃取和离子交换回收方式。溶剂萃取采用的主要设备为萃取槽和反萃取槽（见图5-18）；

图5-18 萃取槽

离子交换工艺的主要设备为离子交换柱（见图5-19）。

回收钼后废水中的主要有害成分氨的处理，通常是采用向溶液中先补碱后加热，氨气挥发，以水吸收后形成浓氨水，返回钼酸铵生产线使用，精馏过程的主要设备为精馏塔（见图5-20）。

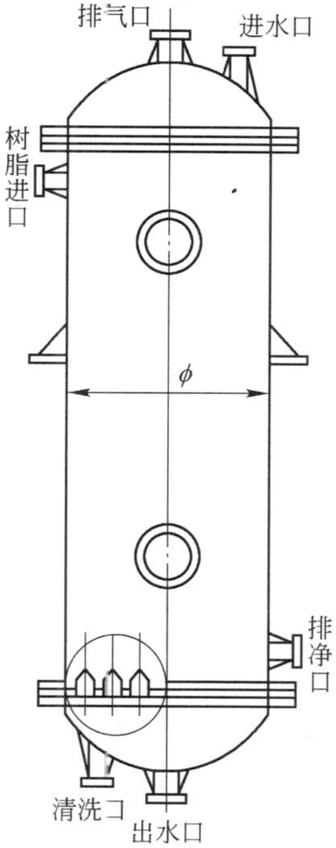

图5-19　离子交换柱

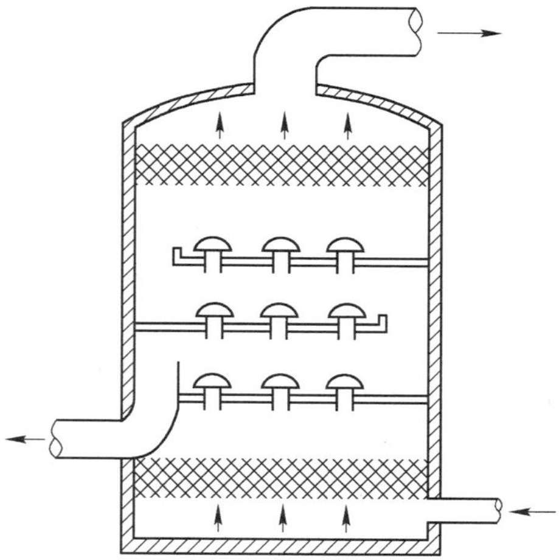

图5-20　精馏塔

精馏塔根据操作方式又可分为连续精馏塔与间歇精馏塔。蒸气由塔底进入，蒸发出的气相与下降液进行逆流接触，两相接触中，下降液中的易挥发（低沸点）组分不断地向气相中转移，气相中的难挥发（高沸点）组分不断地向下降液中转移，气相越接近塔顶，其易挥发组分浓度越高，而下降液越接近塔底，其难挥发组分则越富集，从而达到组分分离的目的。由塔顶上升的气相进入冷凝器，冷凝的液体的一部分作为回流液返回塔顶进入精馏塔中，其余的部分则作为馏出液取出。塔底流出的液体，其中的一部分送入再沸器，加热蒸发成气相返回塔中，另一部分液体作为釜残液取出。

第四节 钼湿法冶炼的技术进步、节能减排、新材料与安全环保

一、技术进步与创新

钼的湿法冶金加工技术一直在不断探索、研究开发。辉钼精矿高压氧酸浸出是多年来不断开发的钼湿法加工技术，它的最大优势是革除了钼精矿的氧化焙烧过程，从根本上消除了二氧化硫对大气环境的污染，可高效回收辉钼精矿中伴生的稀有元素铼，钼的回收率高，生产的氧化钼品质好，可直接用作钢铁工业的材料，是一项很有发展空间的技术。辉钼精矿高压氧碱浸出也是全湿法过程，不需要氧化焙烧过程，可以有效回收铼，钼经过离子交换或溶剂萃取工艺生产钼酸铵产品，伴生的铼能充分回收。用水蒸气来氧化辉钼矿是一项全新的技术，1000℃条件下水蒸气与二硫化钼反应的产物为二氧化钼、硫化氢和二氧化硫。湿法工艺纯化后的钼酸铵溶液采用高压加氢的工艺方法，可以直接形成钼的低价氧化物，钼从溶液中分离，而不需要有生产钼酸铵的过程。由粗氧化钼经强化酸洗去杂，氨浸后直接生产二钼酸铵的生

产工艺，生产效率高，节氨节酸节约生产成本。离子交换技术和溶剂萃取工艺的工业化应用，在低品位成分复杂钼矿的处理、钼酸盐溶液的提纯、杂质的分离、钼和其他有价组成的回收以及环境保护等方面发挥了重要的作用。从废催化剂、含钼材料中回收钼的技术日益成熟，综合回收已成为钼原料的重要来源。低品位镍钼矿综合利用技术已开发成功，钼、镍的回收率可分别达到90%和98%，开拓了钼的资源。

二、节能减排

钼湿法生产的加热和冷却过程都大量使用冷却水，使用循环水系统不但能节约水资源，减少排放，也能提高企业经济效益。循环水的有效利用，水的重复利用率可达到95%以上；加热溶液、蒸发结晶过程采用多效蒸发设备和MVR技术可以大幅度提高能源利用率；以微波加热干燥技术实施产品的烘干能大幅度节约能源，且操作灵活，可以有效利用谷电作业；离子交换技术应用于废水中低浓度钼的处理，钼回收率可达到90%以上；废水中氨的资源化处理技术，可以有效回收氨作为生产的材料，水相达标排放；离子交换技术和溶剂萃取工艺的应用，有效提高钼及伴生元素的回收率。

三、新材料

新型的α型三氧化钼是一种性能十分优异的抑烟阻燃剂，在PVC电线电缆上有广泛应用。电致色三氧化钼薄膜制成的变色玻璃，能根据室外光照条件的变化而同步变化，节能效果最高时能使建筑物空调节能50%以上，具有广阔应用前景。十二钼酸铵纯度高，深加工性能好，可用于制备超纯钼粉。新型有机钼作为减磨剂、抗磨剂在机械工业有广泛应用，特别因其具有节约润滑油、节约燃料、冷启动、提高发动机功率、延长大修周期、洁净发动机等优点而在飞速发展的汽车行业应用迅速。新型硅化钼制品具有耐高温抗氧化的特点，是良好的电热元件器材。以钼为材料的石化催化剂在加氢脱硫、丙烯氧化为丙烯腈等领域的应用日益扩大，引人注目。制备的含镧、钇、铈的稀土钼酸铵，其深加工性能与传统的粉末掺杂形式相比，具有成分均匀、晶粒更细、加工性能更优的特点，因而在不断推广应用。

四、安全、环保

企业必须严格按《中华人民共和国安全生产法》组织生产的各项活动。钼湿法冶炼的生产过程中，涉及多种设备和电、气的使用，还大量使用液氨、硝酸、盐酸、硫化铵、液碱、纯碱等化学危险品，生产过程中潜在的不安全因素很多，危险性和危害性很大，因此对安全生产的要求很严格。企业要把安全生产渗透到企业管理的每一个环节，充分发挥企业专职安全技术人员和安全管理人员的骨干作用，实行全员、全过程、全方位、全天候的安全管理和监督，从设计、施工到生产的每一个环节，使危险源处于受控状态，做到安全生产。

企业必须严格按《中华人民共和国环境保护法》开展企业的环保工作。坚持预防为主、防治结合、综合治理的原则，推行清洁生产，实行生产全过程污染控制和污染物达标排放。

环境保护管理应纳入企业日常管理的范畴，其工作的主要内容有：建立生产全过程的环保管理网络，制定相应管理制度和应急预案；根据生产工艺特征，配套建设相应三废处理、应急处理和环保设施，并确保环保设施正常运行，达到设计要求，做到达标排放；企业应积极追求技术进步，进行技术创新，选用先进装备，采用清洁生产工艺，努力实现废物综合利用；严格执行环保“三同时”制度，即新建、改建、扩建的基本建设项目、技术改造项目，其环保设施必须与主体工程同时设计、同时施工、同时投入使用；加强职工队伍建设，把环境保护教育作为职工培训教育一项重要内容，普及环保知识，不断提高职工环境保护的意识，员工要熟悉工作岗位化学品的相关知识、环保要求和应急处理要求，提高环保技术水平。

第六篇

金属钼制品的生产

金属钼制品是钼元素最终的深加工产品，在钼的总消费中约占8% ~10%。金属钼制品主要有三大类：金属钼粉、金属钼制品和钼丝等压力加工制品。

金属钼粉：按化学成分分有高纯钼粉（FMo-1）、工业纯钼粉（FMo-2）、超高纯钼粉（钼含量≥99.99%）和掺杂钼粉；按粒度分有超细钼粉（0.5 ~1μm）、细钼粉（1 ~2μm）、常规钼粉（2 ~4μm）、粗钼粉（4 ~6μm）和超粗钼粉（≥6μm）等。

金属钼制品有：加工用钼条、炼钢添加用钼条、钼板坯、钼顶头、钼坩埚、钼电极、TZM合金、钼靶和其他异型产品等。

钼丝制品包括：灯用钼丝、线切割用钼丝、加热电阻钼丝、喷涂钼丝、轧带用钼丝、电极用钼丝（杆）及电抛光白钼丝等。

第一章　金属钼粉的生产

金属钼粉是生产钼及钼合金制品的主要原料，金属钼粉的制取是钼金属制品生产的首要工艺过程。金属钼粉的物理化学性能好坏，在很大程度上决定了钼金属制品品质的优劣。

金属钼粉的工业生产过程见图6-1，一般采用氢气作为还原剂，在加热升温的情况下将钼酸铵或三氧化钼还原成二氧化钼，二氧化钼经破碎和过筛后，再在氢气中加热进行二次还原，通过工艺调整控制好钼粉粒度等物理性能，得到合格的金属钼粉。有两种典型的生产工艺：一种是以仲钼酸铵为原料，在回转管炉内直接还原成二氧化钼，再在十五管炉内进行二次还原得到钼粉；另一种是以三氧化钼为原料，在四管炉内还原成二氧化钼，再在十五管炉内进行二次还原得到钼粉。

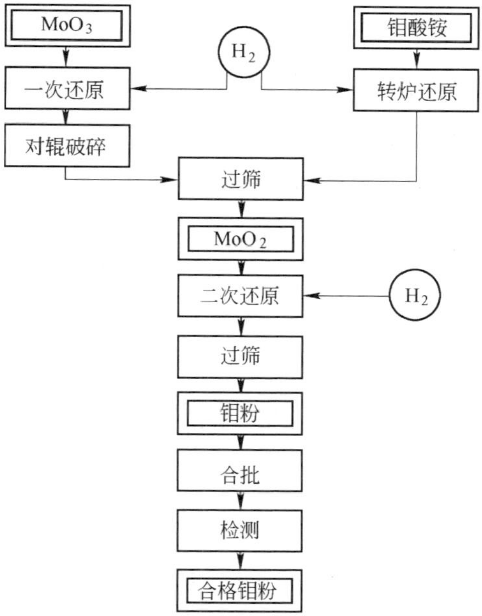

图6-1　金属钼粉生产工艺图

第一节　二氧化钼的生产

一、以钼酸铵为原料生产二氧化钼

以钼酸铵为原料，在回转管炉（或四管炉）内通入氢气，分段升温至300～550℃，得到二氧化钼。反应式如下：

$$3(NH_4)_2O \cdot 7MoO_3 \cdot 4H_2O + 7H_2 =\!=\!= 7MoO_2 + 6NH_3 + 14H_2O\uparrow$$

在众多的钼酸铵中，通常采用四钼酸铵、二钼酸铵和七钼酸铵做原料。由于四钼酸铵经氢还原可以获得高质量的钼粉，而且成本较低，成为工业生产钼粉的主要原料。

在氢气气氛中加热钼酸铵时，实际上第一步是钼酸铵热分解生成三氧化钼，温度继续升高，才开始三氧化钼还原成二氧化钼的过程。

用回转管炉生产，一般分为三个（或五个）加热温度区间，确定好工艺温度，调节好氢气压力和流量，控制好回转炉转速，按一定的速度将仲钼酸铵加入到转炉中。由于物料在回转管炉内不停地翻滚，与氢气接触较充分，反应生成的水蒸气排放畅通，粉末不易长粗，并表现出流动性较好。采用钼酸铵为原料进行一次还原，将产生大量的氨气，对环境有一定的污染，因此，必须有配套的氨气回收装置。

二、以三氧化钼为原料生产二氧化钼

以三氧化钼为原料生产二氧化钼，大都在四管炉内通入氢气，一般分为三个（或五个）加热温度区间，分段升温至350～550℃，得到二氧化钼。反应式如下：

$$MoO_3 + H_2 \longrightarrow MoO_2 + H_2O\uparrow$$

在氢气气氛中加热三氧化钼，会形成两个中间氧化物$MoO_{2.89}$和Mo_4O_{11}，当温度达到550℃时，以上两相全部转化为MoO_2。由MoO_3到MoO_2的还原过程是一个放热过程，还原速度过快并达到550～600℃时，MoO_3和MoO_2形成共晶而出现液相，使料层结块形成硬壳，影响反应进行，并增加过筛难度。

在四管炉内进行三氧化钼还原成二氧化钼的反应时，首先确定好各个加热区间的温度，调节好氢气压力和流量，设定好推舟速度，并确定好装舟的物料量。其中控制好各个加热区间的温度最为重要。

三、二氧化钼的技术要求

还原得到的二氧化钼粉末，应呈棕褐色，无黑色、白色及麻黄色夹杂颗粒，无其他氧化物结块。费氏粒度控制在2～9μm为宜，松装密度约1～1.5g/cm^3。用仲钼酸铵回转炉还原出来的二氧化钼形貌呈片状或针状；用三氧化钼四管炉还原出来的二氧化钼呈块状。二氧化钼为中间产物，工业生产中一般不作化学成分分析，如有需要只对少数特定元素取样检测。

第二节 金属钼粉的制取

工业生产金属钼粉，大都采用二氧化钼在十五管炉（也有十一管炉、十三管炉、十八管炉）中通入氢气，分段加热到650～950℃得到纯净的金属钼粉。反应式如下：

$$MoO_2 + 2H_2 = Mo + 2H_2O\uparrow$$

二氧化钼还原成钼粉在700℃时就开始，到850～900℃时反应基本完成。但过程为吸热反应，反应平衡常数较低，反应速度较慢，温度升高对反应进行有利。

十五管二次还原炉加热一般为三个（或五个）加热区间，可用天然气或电加热，该炉的特点是管径大，各区间温度可随意调控，粉末粒度易控制，生产效率高。钼粉生产时，应设定好各带温度，调节好氢气流量与压力，控制好舟皿装舟量和推舟速度等工艺条件。

第三节　金属钼粉的过筛与合批

金属钼粉的生产过程对所生产的二氧化钼和金属钼粉要分别进行过筛处理，过筛的目的主要是除去粉末中的机械杂质并使粉末变得松散。用三氧化钼生产二氧化钼由于结块现象严重，还需经对辊破碎再过筛（一般为－80目，即178μm）。金属钼粉的过筛因用户要求不同，选用不同的筛网目数，常用的为－180目（83μm）和－200目（74μm）等。合批是将同一工艺条件下生产的而粒度不同的金属钼粉进行混合，形成品质均匀、单一的大批量粉料，以保证钼金属制品性能的稳定。

合批后的金属钼粉应呈银灰色，无肉眼可见的夹杂物，经送检分析后其化学纯度和物理性能应符合国家标准（GB/T 3461—2006）的规定要求。

第四节　氢气还原钼粉的质量控制

不同牌号金属粉末的用途不同，对粉末的化学纯度和物理性能有不同的要求。其中物理性能主要指钼粉的平均粒度、粒度分布和颗粒形貌等。在金属粉末的生产过程中，首先要使用化学成分合格的原料，并尽量防止在生产过程的二次污染。金属钼粉的平均粒度、粒度组成和颗粒形貌等物理性能的形成，在很大程度上取决于一次还原和二次还原工艺的设计和控制。控制的工艺参数主要有：各温度带的温度、还原舟皿的装舟量（厚度）、推舟速度（还原时间）以及氢气流量、压力和露点等。

一、原料的影响

（一）原料原始粒度的影响

在还原工艺条件制订和控制得当的情况下，一般是细颗粒氧化钼还原后能够得到细颗粒钼粉。但是，由于细颗粒表面能高，蒸气压大，极易被氧化而沉积于较粗颗粒表面，使粗颗粒长大。还原粗颗粒氧化钼，一般难以得到细颗粒粉末，而是得到更粗颗粒的钼粉。

不同的原料粉末经历不同的反应途径，也在一定程度上影响钼粉的最终性能。研究表明，用钼酸铵做原料还原生产二氧化钼，颗粒形貌和粒度有一定程度的继承性，而用三氧化钼做原料还原生产二氧化钼，颗粒形貌和粒度则没有显示出继承性。用二氧化钼还原生产钼粉则显示出明显的继承性。

（二）原料杂质含量的影响

还原过程是一个脱氧的过程，一般不具备使钼粉进一步纯化的功能。因此，原料粉末杂质含量越低越好。超过标准的杂质含量不仅影响到最终钼粉的化学纯度，也影响其物理性能，如一些碱金属使粉末粒度长粗，低熔点杂质则使钼粉局部结块，使过筛困难，降低粉末的流动性能。

二、还原工艺条件的影响

（一）还原温度的影响

还原温度的高低对钼粉质量影响很大。还原温度低，反应不完全，易出现返回料，氧含量高，反应速度减慢，粉末粒度一般较细；还原温度高，反应速度加快，反应完全，但对粉末粒度影响很大，特别是三氧化钼的一阶段还原属放热反应，如温度过高，升到600℃以上容易引起 MoO_3 显著挥发（升华），挥发的气相氧化物沉淀在还原好的颗粒表面而被还原，从而使粉末颗粒慢慢长粗，甚至结块。所以还原温度均需控制在物料升华温度以下。

（二）推舟速度的影响

推舟速度过快，物料在各温区停留时间过短，还原不充分，易出现返回料（夹生料）或钼粉氧含量增高。如推舟速度过慢，物料在炉内还原时间过长，反复地进行氧化—还原的机会增多，使颗粒长粗，同时也降低了还原生产效率。

在氢气流量一定、炉子温度曲线一定、装舟量也一定的条件下，若推舟速度过快，舟皿中的高价氧化钼尚未完成低温区的还原就被推进高温区，造成高温区气相中挥发的氧化钼和气态物质的量增多，因“气相还原—沉积”作用而导致颗粒变粗。但并不是推舟速度越慢颗粒越细，相反，如果氧化钼在炉内停留时间过长，一样会引起钼粉颗粒长粗。

（三）装舟厚度的影响

在其他工艺不变的情况下，增加装舟量，实质上增加了炉内产生水蒸气的浓度，使还原反应更加困难。装舟量过多，舟皿底层及边角的氧化钼反应产生的水蒸气不易排除，造成粉末还原—氧化反复进行，从而引起粉末颗粒变粗。同时由于料层过厚，底层物料与氢气接触机会少，还原不充分，出现返回料，且底层容易长粗，使粉末上下层粒度不一致，粒度分布更不均匀。

三、氢气的影响

氢气流量大，渗透性好，与氧化物接触机会多，反应速度快，有利于还原。由于还原所得的氧化物或金属粉末未来得及长大，所以得到的粉末粒度较细。氢气流量小，渗透性差，氧化钼在还原过程中氢和氧化合生成水蒸气后，会增加氢气中的水蒸气含量，如果不及时将这些水蒸气排出，会引起氧化—还原反应反复进行，造成还原不彻底，易出现返回料。但氢气流量不能过大，尤其一阶段还原属放热反应，会使还原反应过分剧烈，难以控制，另一方面，氢气流量过大，也会吹跑粉末，降低还原过程钼的实收率，同时造成热量损失和降低温度梯度，影响还原效果。

参加反应的氢气纯度不高，湿度过大，含水量多，会造成还原速度减慢，同时在反应中易对物料产生再氧化作用，使物料还原不彻底或粉末粒度变粗。所以对二阶段还原要求氢气越干越好，可减少粉末的氧化—还原反复进行，有利于还原的进行。

四、其他因素的影响

原料本身的化学纯度在很大程度上决定了还原后的钼粉纯度，另外生产过程中使用的设备、工器具及现场环境等都能直接影响钼粉的质量。设备与工器具有可能使 Fe、Ni、Cr 等杂质含量增加，而现场环境也可使 Ca、Mg、Si 等杂质含量增加。

第五节　氢还原生产钼粉的主要设备

氢还原生产钼粉的主要设备为各种型号的还原炉。用钼酸铵还原生产二氧化钼主要使用回转管炉，也有的使用四管炉。用三氧化钼生产二氧化钼大都采用四管炉。用二氧化钼生产钼粉则使用十一管炉、十三管炉、十四管炉、十五管炉和十八管炉等，其中常用的为十五管炉。

一、回转管电炉

回转管电炉（见图6-2）用于钼酸铵直接还原生产二氧化钼。炉子的主要结构是利用炉架支撑起一根可转动的圆形大炉管，用电动机经减速和传动装置带动炉管匀速转动。炉管安装时倾斜一定角度，高端有机械给料装置均匀进料，低端有机械出料装置卸料。

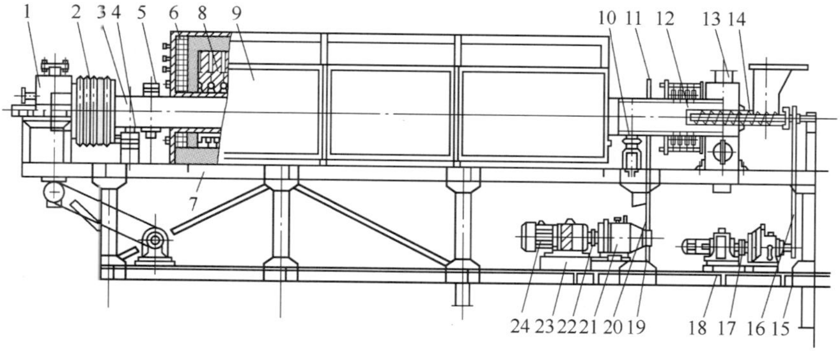

图6-2 回转管电炉结构图

1—卸料斗；2—炉尾密封装置；3—炉管；4—后托轮装置；5—振打装置；6—砌体；7—炉架；8—发热体装置；9—炉壳；10—前托轮装置；11，15，19—链轮；12—炉头密封装置；13—除尘气箱；14—送料装置；16，20—套筒滚子链；17，22—弹性联轴节；18，23—机座；21—摆线针齿减速机；24—电磁调速电动机

炉体采用电或天然气加热，设3～5个加热区，每个加热区都有自动测温装置。氢气由卸料端进入炉管，经给料端的沉降箱排出。炉管内的物料在氢气中随炉管转动而不停地翻滚，使物料在还原过程中能充分与氢气接触，使还原出来

的二氧化钼均匀松散而不结块。由于钼酸铵在还原生成二氧化钼的过程中产生大量的氨气，需配套淋洗或收尘系统，以保证废气排放达到环保要求。

二、四管还原电炉

四管还原电炉（见图 6-3）一般用于三氧化钼还原生产二氧化钼，也有人用于钼酸铵还原生产二氧化钼或二氧化钼

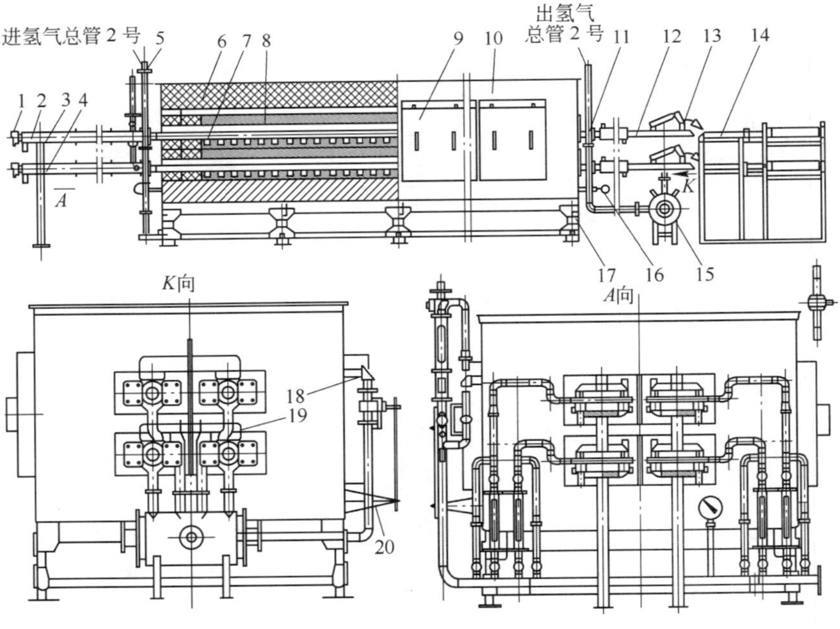

图 6-3　四管还原电炉示意图

1—卸料口开关装置；2—卸料冷却器；3—炉管上支架；4—炉管下支架；5—供氢系统（管道、阀体、仪表）；6—砌体；7—炉管；8—发热体装置；9—防护罩；10—炉体；11—炉管方阀兰垫；12—装料室；13—装料口炉门开关装置；14—推料装置；15—防爆器；16—拉环；17—炉架；18—热电偶；19—弯管；20—摆架

还原生产钼粉。炉子由炉体、进料端、冷却出料端及供电、供水、供气系统组成。炉体为长方形，内衬耐火保温材料，炉管为矩形，由不锈钢焊接而成，四根炉管分为上、下两排，对称安装于炉体中央。炉子设有装料端和卸料端，装料端有启动推料器，用压缩空气将舟皿推入炉内。

四管炉一般采用电加热或天然气加热，设 3 ~ 5 个加热区，每个加热区都有控温系统，最高温度可达 950℃。将一定量的原料装入方形舟皿之中，按规定的间隔时间将舟皿匀速推入炉膛内，同时由出料端卸出等量的舟皿，卸出的物料经炉前过筛后备用。如果选用四管炉还原钼酸铵生产二氧化钼，同样需要配套淋洗和收尘装置，以保证排放达到环保要求。

三、十五管还原炉

十五管还原炉主要用于二氧化钼还原生产钼粉。炉子由炉体、炉管、进料端、冷却出料端和供电、供水、供气系统组成。炉体为矩形，装有耐火和保温材料。十五管炉由无缝不锈钢或高温合金钢圆管组成，上排八根、下排七根，分两排排列于炉体加热区中央（见图 6-4）。

十五管炉使用电或天然气加热，可设 3 ~ 5 个加热区，每个加热区设有单独控温系统，最高温度可达 950 ~ 1200℃。用人工将原料装入舟皿内，舟皿置于自动进料机构，用压缩空气将舟皿推入炉膛内，氢气在炉管内与物料逆向运动，反应生成金属钼粉，经炉前过筛后转入下道工序。

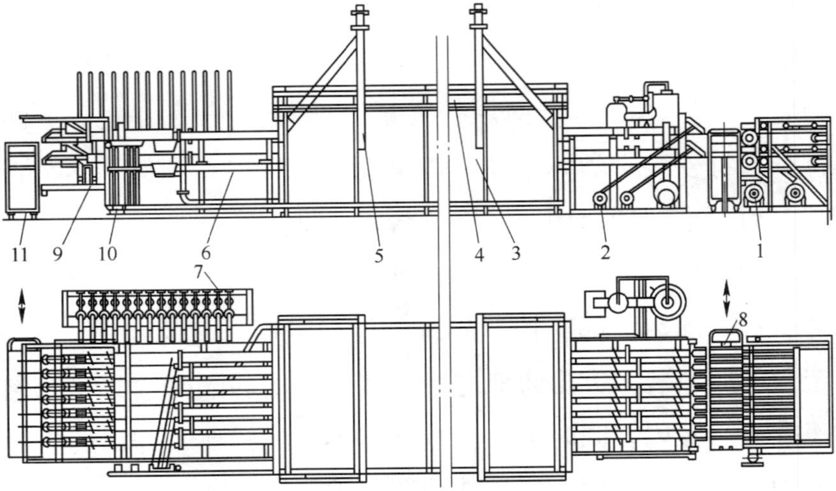

图 6-4 十五管还原电炉示意图

1—自动推舟装置；2—炉头；3—炉体；4—炉盖；5—炉盖吊起装置；6—炉尾；7—供气系统；8—装料车；9—炉管；10—供水管；11—卸料车

四、氢气回收净化装置

氢气（H_2）的相对分子质量为2.016，常态下无色、无味、无嗅，是密度最小的气体。氢气易与氧气混合生成水，反应过程产生大量的热能甚至爆炸，在空气中爆炸范围为含氧4%～75%。由于氢气与氧的亲和力远远大于钼与氧的亲和力，所以钼氧化物还原都选用氢气作为还原剂。氢气作为还原剂具有很多优点，如穿透性好能使反应一致和彻底，反应生成物为水易排除，纯度高不易增加外来杂质，同时氢气易于取得和价格相对便宜等。

为保证还原反应的彻底进行，使生成的金属钼粉氧含量满足技术标准要求，金属钼粉在还原过程中往往需要供给理论量的8～15倍的氢气，这些还原反应剩余的氢气需要回收，氢气回收净化装置是将还原后饱含水蒸气的氢气，通过冷凝分离脱水和吸附干燥再重复使用的一整套设备。回收氢气经过淋洗塔初步冷却、除尘，汇入适当的补充新鲜氢气进行缓冲，沉积气体中的水分，再经罗茨泵加压，进行再次热交换和冷凝脱水，之后通过干燥塔中的分子筛等干燥剂吸附剩余水分后输出供钼还原生产（见图6-5）。

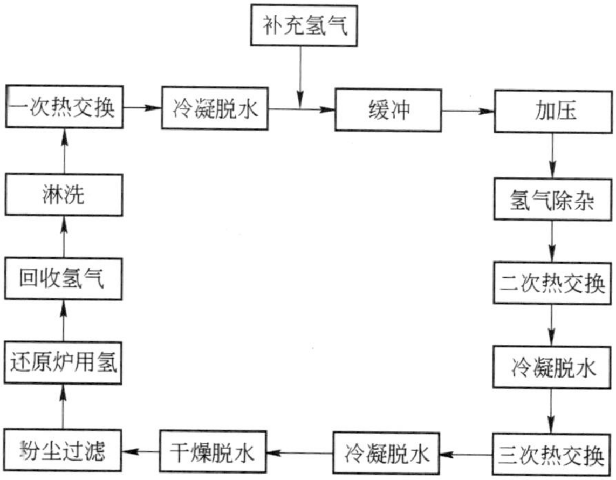

图6-5 氢气回收流程图

由于氢气是易燃易爆气体，在钼粉的生产过程中要特别注意安全。用氢车间厂房应遵守相关设计和建筑规范，使用的设备应配套相应的防爆设施，依循《氢气使用安全技术规程 GB 4962—85》制订作业指导书，保证生产过程中的人身和设备安全。

第六节 掺杂钼粉的生产

纯金属钼再结晶温度低，易出现再结晶脆化现象，极大地限制了其优良性能的发挥，尤其是高温性能得不到充分利用。因此，以提高其再结晶温度和力学性能的合金化研究得到了高度重视。目前使用合金化生产掺杂钼粉分为两个系列：一是源于掺杂钨丝生产的 Al、Si、K 掺杂，其强化相主要是钾泡；二是稀土氧化物，主要包括 La_2O_3、CeO_2、Y_2O_3 等，其强化相主要是高硬度和高熔点的氧化物颗粒。

一、AKS 掺杂钼

Al、Si、K 掺杂钼是应用与高温灯泡钨丝生产的同类技术。在二氧化钼（或三氧化钼）中掺入一定比例的 $Al(NO_3)_3$、K_2SiO_3 和 KCl 等混合均匀，经氢气还原得到掺杂钼粉，然后用这种掺杂钼粉加工成掺杂钼丝（杆）和掺杂钼板等制品。AKS 掺杂钼的组织和性能得到很好的优化，高温抗拉强度、伸长率和高温蠕变性能得到明显改善，再结晶温度明显提高，与纯钼比可提高 400℃左右，且再结晶后为燕尾搭接的大晶粒组织。AKS 掺杂钼材的塑脆转变温度显著降低，为其进行轧制和拉伸等后续加工提供了良好的条件。

二、稀土掺杂钼

稀土氧化物掺杂钼是发展很快的一个方向。目前用于掺杂改性的稀土氧化物有 La_2O_3、CeO_2、Y_2O_3、Nd_2O_3、Sm_2O_3、Sc_2O_3、Gd_2O_3 等，加入量一般在 6% 以下，粒度以亚微米为佳，采用纳米粉末掺杂效果则更好。

稀土氧化物的掺入方法是决定掺杂钼制品质量的关键工序，它决定了钼中掺入稀土元素的均匀性和功能的发挥。目前，稀土掺杂的方法有固-固掺杂、液-固掺杂、液-液掺杂等，其中以液-固掺杂为工业化生产所常用。

固-固掺杂是将固体稀土氧化物直接加入到二氧化钼（或三氧化钼）粉末中，经氢气还原后制得稀土钼粉；也可以将还原好的钼粉与稀土氧化物进行混合得到稀土钼粉。将以上稀土钼粉压制成型，在氢气保护下烧结制得所需要的稀土钼材。固-固掺杂方法操作简单，易于工业化生产，但稀土氧化物分布均匀性差，导致钼材性能达不到要求。液-固掺杂是将稀土氧化物以硝酸盐或醋酸盐的形式加入到二氧化钼或三氧化钼中，经干燥、分解、还原后制得稀土钼粉，液-固掺杂方法使稀土氧化物分布均匀性大大改善，是目前广为采用的一种掺杂方式。液-液掺杂是将稀土硝酸盐和钼酸铵分别溶于蒸馏水中，溶液混合后产生白色沉淀，再加入柠檬酸使沉淀溶解变为透明溶液，置于 80℃ 水溶成溶胶，120℃ 烘干成凝胶，550℃ 下将凝胶分解，分解产物在氢气还原炉中进行二次还原，得到掺杂钼粉。这种方法大大地改善了稀土掺杂的均匀性，但工序较长，生产成本高，难以应用于工业化大批量的生产。

在钼中添加稀土元素，可以细化晶粒，降低钼的塑脆转变温度，提高钼的再结晶温度和高温性能，提高韧塑性和高温蠕变性能，并阻止晶粒的等轴化，显著地改善了钼制品的力学性能。

第二章 金属钼制品的生产

选定合格的钼粉做原料，在等静压机（或机械压机中）利用密闭容器中各个方向受压均匀的原理，将松散钼粉压制成有一定形状、强度和密度的压坯，经整形后，于中频感应炉中在氢气保护下高温烧结，使粉末坯料烧结成有光泽的金属钼制品（见图6-6）。

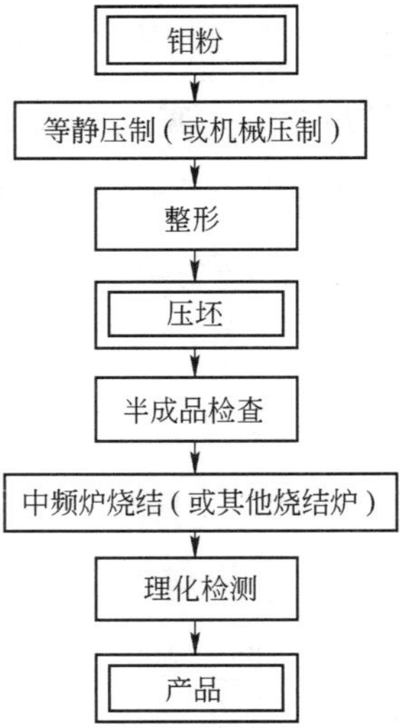

图6-6 钼制品生产工艺图

第一节　钼制品的压制成型

用金属钼粉为原料生产各种钼制品必须经过压制成型的工艺过程，在外力的作用下将金属粉末密实成具有一定形状和尺寸的坯块，并使之具有一定强度和保留适当孔隙度，这一工艺过程包括钼粉的混合和压制成型过程。压制成型的方法有多种，主要有模压成型（单向压制带侧压和双向压制）、等静压成型（或干袋压制）、挤压成型、轧制成型和注射成型等。一般情况下钼制品的压制成型主要采用模压成型和等静压成型两种方法。

一、钼粉的混合

混合是将一种或两种以上不同性能的粉末进行均匀化的一个过程，而钼粉的混合通常是将成分性能相同的粉末，添加成型剂和润滑剂进行混料，使钼粉与添加剂达到均匀一致。通常情况下，钼粉采用机械干混法进行混合，主要在混合器或球磨机中进行，必须选择和控制合理的混合工艺参数，如转速、装料量和混合时间等。为了降低压制压力，减少粉末颗粒间及粉末颗粒与压模壁之间的摩擦力，需在粉末混合时加入一定比例的甘油和酒精混合液，以增加压坯的强度。甘油、酒精在低温预烧时挥发逸出，以保证最终产品的性能能达到技术要求。

为了满足钼制品的自动压制要求，有时需要对钼粉进行制粒等预先处理。制粒是将小颗粒的粉末预制成大颗粒或团粒粉末，以改善粉末的流动性。制粒方法主要有擦筛制粒、圆筒制粒、圆盘制粒、喷雾制粒和离心制粒等。

二、钼粉的压制成型

（一）钢模压制成型

（1）钢模压制过程及压坯要求。将粉末混合料装在钢制模具内，并对模具施以单向（带侧压）或双向压力，使模具内的粉末受压后压缩成为预先设计的形状，卸压后，将压坯从阴模内取出。粉末在压模内所受的压力是不均匀的，因为粉末颗粒之间彼此摩擦、相互契住，使得压力沿横向（垂直压模壁）的传递比垂直方向要小得多，同时，粉末与压模模壁在压制过程中也产生摩擦，因此，压坯在高度上出现显著的压力降，中心部位与边缘部位也存在着压力差，使压坯不同部位的致密程度不同，引起压坯不同部位的密度不均。在压制过程中，粉末由于受压力而发生弹性变形和塑性变形，压坯内存在着很大的内应力，当压力撤除时，压坯会发生体积膨胀，即产生弹性后效，从而使压坯尺寸略大于模腔尺寸。

压坯的表面应光滑平整，无裂纹、分层、掉边、掉角、表面剥落和缺陷，无脏化现象。压坯尺寸公差、锥度等应符合要求，单重一致性好且不得超标。

（2）钢模压制压坯的缺陷及分析。压制的质量保证实际上是对压制废品的控制。针对可能出现的不同废品，应分析其原因，并采取相应的措施加以解决。

1）分层。主要是压制压力过大，保压时间不够长，产生弹性后效而分层；粉末成型性差，压力机冲头、侧垫不平或垂直度不好等。出现这种情况，应该降低压制压力，延长保压时间，改善粉末性能，调整好压力机等。

2）裂纹。主要是脱模方式不正确，模具有缺陷，粉末氧含量高等原因。必须更换模具，改变脱模方式，同时对粉末进行重新处理。

3）掉边掉角。主要是模具间隙过大，压机平行度或垂直度不好，模具有毛刺或退磁不完全，也可能是人工操作不当等。解决办法是调整模具间隙，调整好压力机，将模具重新退磁等。

4）压坯尺寸超差。主要是由压制压力过大或过小、模具不光滑和压坯单重超差等引起的。解决办法是调整压制压力和更换模具，更严格地控制单重偏差。

5）粘模。主要是由退磁不完全、润滑剂加入量太多、粉末流动性差等引起的。解决办法是模具重新退磁，减少润滑剂加入量和改善粉末的流动性。

6）脏化。可分为原料脏化和压制脏化两种。压制脏化主要由于混料设备和盛料器具不洁净，或压制操作过程中的沾污。应定期清洗混合器，保持生产现场的卫生，提高操作人员文明卫生作业的自觉性。

7）断料。原因是压制压力太小，保压时间不够，润滑剂加入量太少，粉末成型性差等。针对以上问题应提高压制压力和保压时间，控制润滑剂的加入量和对原料钼粉进行重新处理等。

（二）等静压制成型

近年来越来越多的钼制品生产采用等静压成型。由于是通过高压液体对制品全方位的均匀施压，能很好地保证钼压坯密度的均匀一致，且操作简单，生产效率高，得到普遍应用。常用等静压成型的钼制品有钼圆条、钼合金顶头、钼大板、大钼棒、钼坩埚等。

（1）塑料软模的制作。等静压制成型是将钼粉装入预制作的软模中，高压液体通过软模作用于钼粉，而使之成型，所以塑料软模的制作非常重要。

塑料软模制作的工艺流程如下：先将三盐基硫酸铅、硬脂酸、聚氯乙烯树脂等粉末混合均匀，然后将混合料倒入苯二甲酸二辛酯（或苯二甲酸二丁酯）的溶液中搅拌成料浆。再将金属阴模或阳模置于电烘箱中预热到140～170℃。根据阴模或阳模的尺寸来确定预热时间（一般小型模具的预热恒温时间为3～5min，大件的预热恒温时间可扩大到20～30min），然后，把料浆倒入阴模芯中或把阳模浸入料浆中，进行搪塑或浸渍到所需要的长度或厚度。若塑料层太薄，可把金属模再放入电烘箱中预热至160℃，进行第二次浸渍。随后，将黏附了料浆的金属模芯放入电烘箱中在160～180℃温度下，保温1～1.5h进行塑化处理，塑化完成后取出放入冷水中冷却，冷却后随即从冷水中取出，将塑料模从金属模上剥下来供再使用。

目前，采用橡胶软模压制的越来越多。根据产品形状和尺寸要求，设计好图纸，由橡胶生产企业加工制作橡胶软模。一般适用于常用规格或批量较大的钼制品生产。

（2）等静压制成型过程。采用等静压制成型对于一些形状简单、尺寸较大的制品可以得到密度均匀的坯料。等静压制有热等静压和冷等静压之分，常用水和油作为加压介质，故又有液静压、水静压或油静压之称。

等静压制借助高压泵的作用把加压的液体介质（水、乳化液或油）压入耐高压的密闭容器中，利用静止液体中压强向各个方向均匀传递的原理，将软模（橡胶套或塑料套）内的粉末压缩成型，得到具有一定形状、尺寸的压坯。由于粉末体在各点上受力均匀，因而能得到密度分布均匀而强度较高的压坯（见图6-7）。

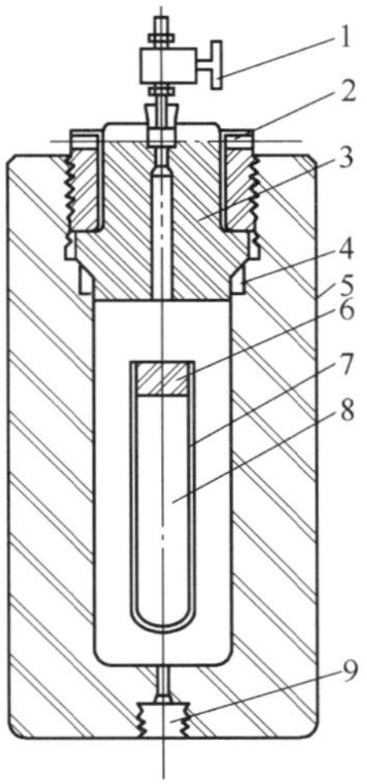

图6-7　等静压原理图

1—排气阀；2—压紧螺母；3—盖顶；4—密封圈；5—高压容器；6—橡皮塞；7—模套；8—压制件；9—压力介质入口

等静压成型前对钼粉的物理性能有一定的要求，平均粒度、松装密度、摇实密度和流动性等都直接影响压制装料过程和压制过程。其中粉末的流动性直接影响粉末装填入模套的均匀性，流动性好的粉末能均匀填充模套，压制后的压坯尺寸形状容易控制。粒度分布合理和形状不规则的粉末颗粒则容易压出强度较高的压坯。

装料是压制前的一道重要工序，模套内粉末装入的均匀程度直接影响压坯质量。人工装料时要由熟练的操作人员慢慢摇实和仔细搓拍。也可采用机械振动和电磁振动装料，以保证模套内粉末的均匀性。

等静压制时，将密封（抽空）装料模袋套上多孔金属管，放置在等静压机的高压容器内，开动压力泵把液体介质压入容器直至充满并从放气孔冒出为止；随即开动高压泵使压力直升到所需要的成型压力为止，并进行一定时间的保压，完成压制后卸压并取出压制坯料。

（三）压制过程的质量控制

影响金属钼粉压制成型的因素有很多，主要有粉末本身的性能，包括粉末的化学纯度、平均粒度、粒度分布、颗粒形貌等；其次是模具的好坏与润滑剂的效果；第三是压制的方式及过程的操作正确与否。

（1）粉末的纯度及影响。粉末的纯度对压制过程有一定的影响。粉末的纯度越高越容易压制成型，压坯强度越高。钼粉氧含量偏高，或有其他杂质以氧化物形态存在，使粉末发硬发脆，压制时粉末的摩擦阻力增加，弹性后效明显，压坯强度变低，易出现裂纹等缺陷，压坯密度也达不到要求。稀土掺杂钼和 AKS 掺杂钼的压制较纯钼压制困难，在成型过程中应调整压制工艺，采取特别而有效的措施以保证压坯的质量。

（2）粉末物理性能的影响。粉末的平均粒度越细，一般流动性较差，在模腔内的填充性能差，容易形成拱桥效应，另外细粉末的松装密度较大，模腔内装填尺寸也较大，使压制过程模冲距离和粉末之间摩擦增大。这两者都会引起压制压力损失增大，导致压坯密度分布不均匀。

粉末的粒度组成在一定程度上会影响压制性能。由较多的中颗粒搭配一定量的粗颗粒和细颗粒组成，这种搭配比较理想，在压制过程中较粗颗粒搭拱成的空间被细颗粒很好的填充，则可减小弹性后效，增加压坯强度和密度。

粉末颗粒的形貌对压模装填的影响也较大。表面光滑规则或近似球形的粉末的流动性好，易于充填模腔，使压坯密度分布均匀。而形状复杂的粉末流动性差，装填模腔较困难，易产生拱桥效应，使装粉不均匀而导致压坯密度不均匀。

粉末松装密度是粉末平均粒度、粒度组成和颗粒形貌综合的宏观表现指标，是压模设计必须考虑的一个重要因素。松装密度小的粉末压制时，模腔的高度和模冲的长度必须加大，在压制尺寸较高的制品时，会引起密度沿高度方向分布不均。粉末松装密度大时，模腔的高度及模冲的长度可以缩短，对于生产高密度压坯制品有利。

（3）润滑剂的影响。压制过程中减少摩擦的方法大致有两种：一种是采用粗糙度小的模具或用硬质合金替代模具；另一种是使用成型剂或润滑剂。成型剂是为了改善粉末的成型性能而添加的物质，可以增加压坯的强度。润滑剂是为了降低粉末颗粒与模壁和模冲间摩擦、改善密度分布、减少压模磨损和有利于脱模。

润滑剂的加入量与粉末种类及粒度大小、压制压力和摩擦表面值有关，也与它们本身的材质有关。一般说来，细粉末所需的添加量比粗粉末的要多一些；粉末本身比较干燥时比潮湿时润滑剂加入量更多一些，这是一个工艺探索和经验判断的过程。

（4）压制方式的影响。在压制过程中，加压方式不同，对压坯质量的影响是不同的。机械压制过程中由于存在压力损失，压坯密度出现不均匀现象，为了减少这种现象，可以采用双向压制及多向压制或者改变压模结构等，特别是当压坯的高径比较大的时候，采用单向压制是不能保证产品的密度要求的。对于形状比较复杂的产品，压制时为了使各处的密度分布均匀，可采用组合模冲。

压制过程中的加压速度不仅影响到粉末颗粒间的摩擦状态和加工硬化程度，而且影响到空气从粉末颗粒间孔隙中逸出的情况，如果加压速度过快，空气逸出困难。因此，通常的压制过程，特别是压制尺寸比较大的产品时，均是采用缓慢加压的方式进行的。粉末在压制过程中，在某一特定的压力下保压一定的时间，往往可以得到非常好的效果。它能使压力传递充分，有利于压坯中各部分密度的均匀化，使粉末体孔隙中的空气有足够的时间通过模壁和模冲，从缝隙中逸出，同时，给粉末之间的机械咬合和变形一定的时间，减少弹性后效的影响。卸压时不宜太快，如太快，残留在压坯中受压缩的气体会迅速膨胀，容易造成压坯开裂，特别是大型制件降压时更要缓慢。

三、压制设备

（一）钢模压制设备

采用金属钼粉生产钼条或钼板时，一般采用带侧压的机械压力机，常见的压机为 5000kN 的四柱压力机（见图 6-8）。

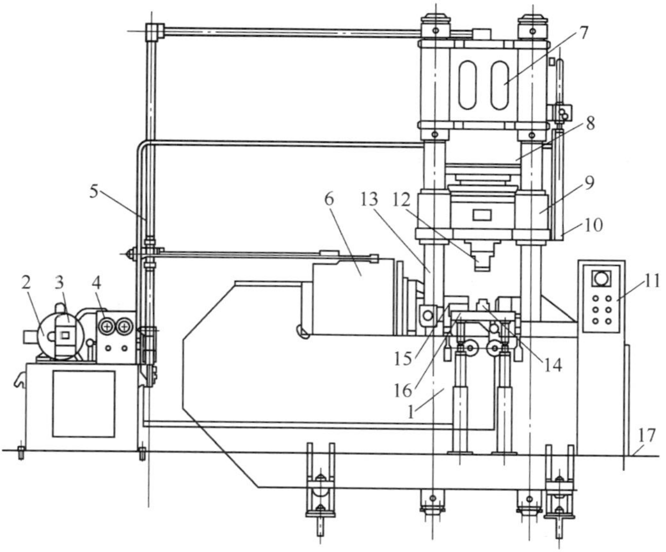

图 6-8　5000kN 四柱压力机示意图

1—机身；2—电动机；3—增压泵；4—压力表；5—主油管；6—水平液缸；7—垂直液缸；8—活塞；9—活动横梁；10—位移传感器；11—控制柜；12—上冲头；13—立柱；14—压模；15—侧冲头；16—操作平台；17—地平面

将称量好的钼粉均匀装入钢模中，刮平以保证压坯密度一致，不会出现分层和裂纹，再将装料的模具置于压力机冲头的中部位置，按工艺要求控制好单位压力，在保压一定时间后，将压模从压机中拖出，拆开模具并取出压坯。压坯尺寸应符合工艺要求，表面光滑，无分层、裂纹、掉边掉角和表面剥落等缺陷。

（二）冷等静压制设备

冷等静压制可生产尺寸较大且密度均匀的压坯，生产效率也高。冷等静压力机主要由高压容器和流体加压泵组成，并配备有流体储槽、压力表、输送流体的高压管道和高压阀门。钼粉装入高强度弹性模套内，然后把一定数量的装料模套挂于钢料架上，再放入高压容器内，启动高压泵将流体注入高压容器内，通过高压流体对模套内的粉料施压。当高压容器内的压力达到工艺要求后保压一定时间，启动液体回流阀卸压并取出压制好的压坯。

冷等静压制按粉料装模及受压形式可分为湿袋模具压制和干袋模具压制。如前所述，湿袋模具压制是将模袋直接浸泡在高压液体介质中受压，有在同一高压缸内压制各种压坯形状制品的优点。干袋模具压制模袋不浸泡在高压液体介质中，干袋固定在筒体内，模袋外层衬有穿孔金属护套板，粉末装入模袋内靠上层封盖密封，高压泵将液体介质输入容器内，使软模内粉末受压。干袋模具压制的优点是生产效率高，成型尺寸较好控制。

第二节 金属钼制品的烧结

钼制品的烧结是一个复杂的金属物理化学变化过程，也是决定金属钼制品品质的关键工序。烧结是钼粉或钼粉压坯在工艺温度和氢气保护下，受热所发生的现象或过程，它使粉末的聚集体变成晶粒的聚集体，从而获得具有所需物理力学性能的金属钼制品或材料。一般情况下，金属钼制品的烧结属于不施加外压的单相粉末或多相粉末的固相烧结。

一、钼坯的预烧结

钢模压制的压坯强度和导电性能较差，在进行高温烧结（特别是垂熔烧结）前一般都要经过低温预烧结处理。预烧结在人造刚玉管的钼丝加热炉内进行，控制温度为 1100 ~ 1200℃，加热时间 30 ~ 60min，使用氢气作为保护气体。

钼坯的预烧有以下作用：（1）降低坯块、粉末体内的水分及氧含量，还原颗粒接触面的氧化膜，改善颗粒间的金属接触；（2）压制前加入的润滑剂（甘油和酒精）及粉末本身带有的低熔点杂质，在预烧温度下挥发使得压坯得以净化；（3）粉末颗粒在还原及压制过程常有的残余内应力，在预烧结温度下得以释放和消除；（4）由于钼粉颗粒较细，具有较高的能量，加之在压制过程的受压，使钼粉颗粒内部的再结晶在预烧温度就发生。在预烧过程中以上几个作用同时发生，最终共同导致钼坯块的强度增加和导电性能增加。

二、金属钼制品的高温烧结

（一）钼制品的垂熔烧结

垂熔炉烧结是一种直接烧结的方式。在一个带有冷却水套的钟罩内，通以氢气保护，将电流直接通过钼坯条加热至熔点以下保温，使钼金属粉末体变成金属钼制品。

在垂熔钼坯条过程中，由于温度升高，原子移动，接触面增大，孔隙度减少，体积缩小，密度增加，它的横向收缩达到20%～25%，纵向收缩为9%～14%。坯条孔隙度由原来的40%左右降到15%左右。当温度升至金属熔点的0.3～0.4倍时，坯条内部晶体开始发生再结晶过程。当温度继续升高至金属熔点的0.7～0.75倍时，它使金属粉末压块由再结晶体发生聚合再结晶形式使晶体相互合并，大晶粒吞并小晶粒。由于钼条内部晶粒越来越粗，金属性也越来越显著。

钼制品的垂熔烧结工艺，主要控制氢气纯度及流量，烧结温度和烧结时间，最重要的是控制好烧结的温度。工业上测定垂熔钼条的烧结温度是利用垂熔电流的大小来间接表示的。垂熔电流大，温度则高，垂熔电流小，温度则低。

根据钼坯条的情况适当控制垂熔升温速度，即控制好电流的提升速度。如果电流升的速度太快，就会使坯条受热不均匀，产生温差应力变形不均。电流升得太快，也会过早使坯条表面致密，密封了孔隙，使易挥发的低熔点金属杂质和气体杂质不能逸出，从而产生鼓泡、肿起、空心等现象。但电流升得太慢，会使生产周期长，氢气浪费，设备利用率低，成本增高。

最高烧结电流的确定是垂熔烧结最关键的工艺条件。在选择最高烧结电流时，必须先确定钼条的熔断电流。将钼坯条熔断时的电流强度称为熔断电流，确定熔断电流通常有两种方法：（1）通过实验确定。即在垂熔过程中一直升高电流，直到钼坯条熔断为止的电流值；（2）通过经验公式计算熔断电流：

$$I_{熔} = K_{熔} \times 2 \times \sqrt{a^3}$$

式中，$I_{熔}$ 为熔断电流；$K_{熔}$ 为熔断系数，其取值为1194；a 为坯条横断面的边长×(1－横向收缩系数(约为15%))。

确定钼坯条熔断电流后，就要根据钼坯条的有关性能及产品的用途来确定最高工作电流，一般选择熔断电流的88%～93%为工作电流。为了有足够的时间保证烧结过程的完成，在最高电流烧结时须保温10～16min。

钼坯条在垂熔罩内完成烧结后，要按一定速度减小电流以降低温度，同时要在氢气保护下进行冷却。

（二）钼制品的中频感应炉烧结

中频感应炉烧结是钼制品最常用的一种工业生产方法。由中频机组将电能转换成交变电磁场，使感应线圈内的钨坩埚和烧结钼坯料受到交变磁力线的不断切割，在钨坩埚和烧结物料中产生感应电动势，在闭合回路的情况下形成感应电流（涡流），使钨坩埚和物料发热，进而使钼坯料在高温下完成烧结过程形成致密金属。

中频感应炉烧结钼坯条工艺的控制因素主要是温度、时间及氢气等。在氢气纯度和流量保证的前提下，控制烧结过程的温度和时间最为重要。整个过程可分为四个阶段。第一阶段由室温升到1100℃左右，是低温预烧过程的延续，主要消除坯料内的应力，气体和低熔点杂质开始逸出。这一阶段坯料的收缩和强度变化不大。第二阶段的温度在1100～1500℃，粉末体坯条内开始发生再结晶，粉末颗粒之间的“烧结颈”开始产生和扩大，出现金属性能的接触，坯条的强度明显增加，由于粉末颗粒间的“烧结颈”处于形成和发展阶段，坯条内部的孔隙尚未形成闭孔，氧气和低熔点杂质大量排除。第三阶段的温度在1500℃至最高烧结温度（约2000℃），是钼坯条真正的烧结阶段，由于温度升高提供的能量增加，原子开始在金属表面塑性流动，通过扩散和迁移，使粉末颗粒金属接触增大，孔隙球化和变小，坯条强度增加而体积明显缩小。第四阶段是最高烧结温度保温阶段，在高温下原子活动激烈，发生急剧的塑性流动和扩散，孔隙不断消失和变小。晶粒内部缺陷及应力消除，再结晶加剧进行，晶界运动直至消失使晶粒长粗。随着保温时间的延长，坯条由粉末体完全变成金属制品。

（三）金属钼制品烧结过程的质量控制

钼坯料烧结质量的好坏，可以通过烧结钼坯体的密度、强度、延性、导电率以及其他性能的变化来衡量，这些性能宏观反映了烧结体的致密化程度。

（1）烧结体粉末成分的影响。不同成分的粉末烧结时的表现是不同的，原子结合力不同、晶体结构与晶型转变有异，都会影响烧结结果。这表现在纯钼和掺杂钼的烧结的难易程度是有差异的。

（2）粉末物理性能的影响。粉末活性包括粉末的表面活性与晶格活性两个方面。表面活性取决于粉末的粒度、粒形即粉末的比表面积大小；晶格活性由晶粒大小、晶格缺陷、内应力等决定。粉末粒度减小将使烧结的开始温度降低，使收缩增大。颗粒内的晶粒大小对烧结过程也有相当大的影响，晶粒细，晶界面就多，能量就高，对物质扩散和流动过程有利。因此由单晶粒组成的粉末，烧结时长大的趋势小，而由多晶粒组成的粉末则晶粒长大的倾向大。

（3）烧结温度的影响。在单元系烧结过程中烧结机理主要是扩散和流动，这个过程中温度至关重要。无论是扩散或流动，当温度升高后两种过程均加快进行。烧结温度过低，再结晶难以发生或晶粒难以长粗，制品的密度就低，高熔点杂质挥发不好，影响烧结制品的化学成分。但烧结温度过高，再结晶的晶粒迅速长大，使制品中出现较大的烧结孔，反而使密度降低，甚至引起制品过烧而熔成孔洞。

（4）烧结时间的影响。烧结过程中物质的扩散和流动是需要时间来完成的，保证烧结时间，物质内部原子扩散和流动充分，晶粒能够顺利长粗，能得到物理和化学性能较好的制品，也就是说烧结效果好。但时间太长，烧结密度很难增加，反而引起晶粒再结晶长粗，影响材料的加工性能和使用性能，另外，烧结时间过长，使生产效率降低，能耗增大，生产成本升高。

升温速度也很重要。升温过快，粉末体迅速致密，其内部的低熔点杂质难以挥发干净，另外，升温过快，粉末压坯内孔隙的气体难以在孔隙封闭前排出，引起压坯的膨胀，最终使制品密度偏低，且易产生裂纹、鼓泡等缺陷。

（5）烧结气氛的影响。钼坯料的烧结一般在氢气气氛中进行，也可采用真空烧结。使用氢气作为烧结气氛有两个作用：一是氢气保护烧结炉加热钼丝和烧结制品不受氧化；二是烧结坯料中粉末体表面的氧化物得以清除，保证烧结制品有优良的性能。真空烧结对钨钼生产是可供选择的烧结方法，但真空烧结金属的挥发损失大，可能引起烧结制品成分有所变化，而且容易造成产品变形，尺寸和形状都难以控制。同时真空度控制的不稳定，也容易引起制品的表面氧化，而使产品报废。

第三节 金属钼制品烧结设备

一、垂熔炉

垂熔炉由炉体、供电系统、供水供气系统和控制系统组成。炉体由工作台、带水冷却的钟罩和能升降的导电杆等组成。工作台台面是一块较厚的金属板用以支撑水冷钟罩，上导电杆从钟罩顶端穿过，下导电杆从工作台台板中央穿过，上下导电杆由夹头夹住钼坯条于钟罩的中央。一般采用磁调变压器供电和PLC联机多台群控，其结构见图6-9。

垂熔炉工作时先开启排风机，升起水冷钟罩，调整好上下伸缩导电杆的位置并夹好钼坯条，在水冷钟罩内腔通入氢气吹炉，然后放下钟罩密封卡紧，检验钟罩内空气排空后，按工艺条件送点升温。待确认钼坯条完成烧结后降温冷却，关闭氢气，最后断电。

垂熔炉一般适用于条（棒）状钼制品的烧结，因生产效率低，能耗比较大，在钼制品的生产中应用得越来越少。

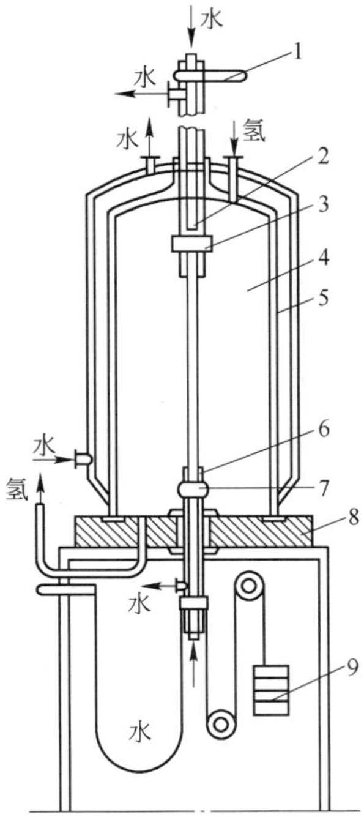

图6-9　单罩垂熔炉示意图

1—导电板；2—导电棒；3—固定上夹头；4—坯条；5—水冷炉罩；6—夹头；7—活动下夹头；8—底板；9—平衡锤

二、中频感应烧结炉

中频感应烧结炉由炉体、中频供电系统、钨坩埚、耐火材、供氢送水系统及控制系统组成（见图6-10）。炉体为一圆柱钢体，分炉体和钟罩，均为夹层带水冷。供电由中频发生机组、电容器组和感应线圈组成。耐火材料包括耐高温的氧化锆砖和支垫用的刚玉砖。控制系统有测温仪表和功率显示，均可用 PLC 控制。氢气通入炉膛以保证坯料和坩埚不被氧化，送水是保证感应线圈和炉体在较低温度下运行。

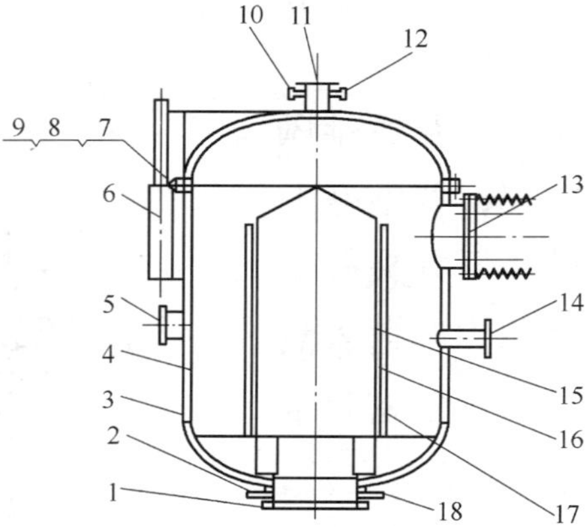

图 6-10　中频感应烧结炉炉体示意图

1—法兰；2—出气口；3—外壳体；4—内壳体；5—侧面观察窗；6—开盖机构；7—下法兰；8—上法兰；9—锁紧机构；10—进气口；11—炉顶观察窗；12—出水口；13—防爆机构；14—真空机组接管；15—坩埚；16—保温层；17—感应线圈；18—进水口

中频炉烧结钼坯料时，将坯料有序地装入坩埚内，盖好坩埚顶砖，盖好炉盖，采用氮气吹炉后再送氢气入炉，在氢气做爆鸣实验确认合格后，打开阀门送水冷却，最后送电升温。按工艺制度升温和保温的过程，是以控制送电功率来保证的。当进入冷却阶段时，须先关闭氢气出口再切断电源；卸料前关闭氢气进口，再打开氢气出口，方可打开炉盖卸料。为了保证生产安全，在装料送电前须用氮气吹炉再送氢；冷却卸炉前也须用氮气吹炉再开炉卸料。

第四节　钼异型制品的生产

钼的异型制品一般是指形状复杂或单重特大、特小的烧结制品。常见的有 TZM 粉冶顶头、钼坩埚、钼流口、钼电极、钼管、钼碗、钼砖、钼针、钼三角形制品或其他结构件。

钼异型制品一般难以用常规的压制方法压制成型，掌握特殊的成型技术是生产钼异型制品的关键。特殊成型方法包括热等静压成型、粉末连轧成型、加压成型、注射成型、浇注成型、挤压成型、爆炸成型、离心成型等。

热等静压成型实际上是在高压容器内，对装入模具内的粉末体施以高压和高温，同时完成压制成型和烧结过程，使粉末坯料热固成致密金属。粉末连轧成型是使金属粉末通过喂料装置均匀地送入轧辊中，轧制成一定厚度和宽度的连续不断的板带坯料，继而在连续烧结炉中烧结成致密的金属板带材。注射成型是将金属粉末与黏结剂混合制粒后，用注射方法挤入模腔内成型，再脱模烧结。挤压成型是用粉末体在压力的作用通过压模嘴挤压成坯块的一种方法。爆炸成型是利用火药爆炸产生的压力，在粉末周围均匀施压使之成型。

选择每一种成型方法都应该从坯件的性能、形状和尺寸三方面考虑制品的特殊需要。热等静压成型法能满足致密大件和形状复杂零件的制造要求。粉末轧制法能顺利地制取厚度较薄、宽度一定和长度较长的多孔薄板。挤压法能生产原则上长度不受限制、具有简单或异形截面的棒材和管材。金属粉末的粉浆浇注法不仅可生产实心、空心和扁平部件，还可以生产空心瓶孔状和球状部件，甚至可以生产单层多孔构件或复层不同成分的构件。

钼异型制品的烧结一般都是在中频烧结炉中进行的，烧结钼坩埚、钼管和钼碗等管状结构件及直径大的制品时，底部应垫上有利于使坩埚或管底收缩一致的垫层，使直径大而长的制品保持管径一致，其烧结温度应采用逐渐升温的方式。

烧结的钼异型制品表面应呈银灰色，无鼓泡、分层、裂纹等缺陷。烧结出来的烧结品应根据用户的要求进行整形、车削等机械加工。

第三章　钼丝的加工生产

钼丝的生产是将原料钼棒（杆）通过压力加工手段来实现的。压力加工是在金属塑性-脆性转变温度以上，施以不同方式的外力（如轧制力、旋锻力、拉拔力等），克服金属对于变形的抵抗，使其产生永久变形，从而获得各种形状、尺寸和其他特性的产品。

钼坯条使用轧机开坯或旋锻开坯，经多模串打机锻制成粗杆，上拉丝机拉制成粗钼丝，经退火处理后进入多模中丝拉制，再经退火进入多模细丝拉制成成品。出厂前还需经复绕、检验和包装（见图6-11）。

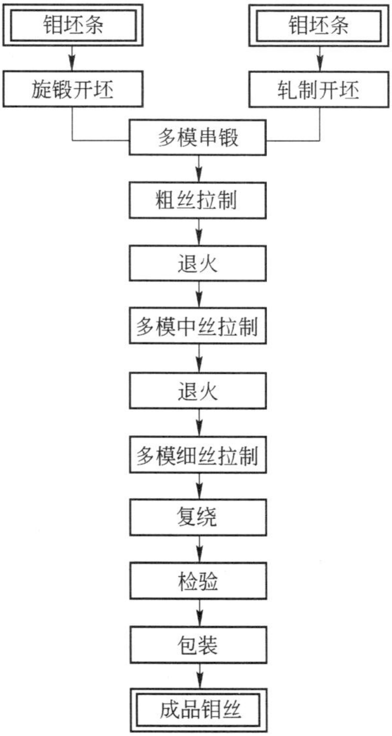

图6-11　钼丝生产工艺图

第一节　钼条（棒）的开坯

一、钼条的轧制开坯

钼条在带有刻槽并构成相应孔型的旋转轧辊中通过，在轧制力的作用下，使加热的钼条断面减小且长度延伸，从而获得工艺要求的钼杆。

按轧辊数目可分为二辊轧制、三辊轧制和四辊轧制等；按生产方式可分为单机轧制和多机串联轧制。二辊轧制由一对刻有方形、菱形、椭圆形或圆形槽型的圆辊组成；三辊轧制由三个互成120°角度的轧辊构成；四辊轧制则由上下左右对称的四辊组成。目前钼条（棒）采用三辊（也称“Y”型）轧机多组机架进行连轧开坯较为普遍（见图6-12）。

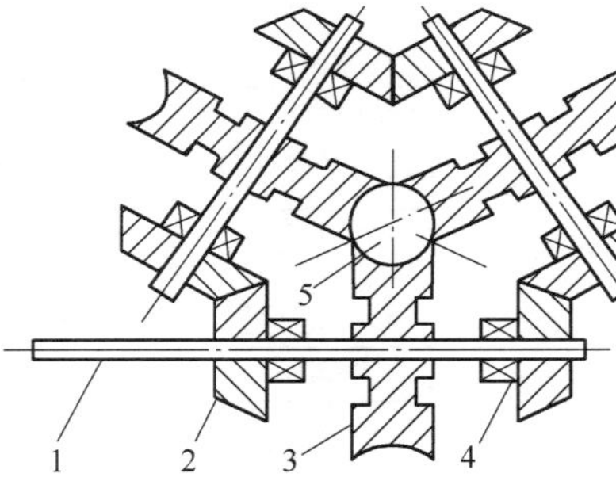

图6-12 三辊轧制示意图

1—传动轴；2—齿轮；3—轧辊；4—轴承；5—孔型

三辊“Y”型钼线材连轧机列的孔型是由三个互成120°交角的轧辊上的轧槽所围成的，轧辊从三个对称方向同时压缩轧件。轧件反复受到较大的三向压缩应力，有利于发挥金属的塑性，不易产生劈头开裂等缺陷，同时，可实现较大的压缩比加工。

三辊“Y”型钼线材连轧轧机采用了先进的超音频感应炉在线加热，可在较短的时间内将钼条（棒）加热到1500℃左右，为实现轧制开坯连续自动化提供了可能。

在钼丝的加工过程中，开坯方式对钼丝的后续加工质量影响较大。一般认为，轧制开坯变形速度快，近乎连续变形，内部应力及缺陷少，同时变形量较大，表面和芯部变形均匀，纤维组织发达，变形组织横向断面分布一致性好，尺寸和表面稳定，加工到细钼丝的成材率和性能明显提高。与旋锻开坯相比，轧制开坯还具有以下特点：生产效率高，适合大规模生产；劳动强度小，环境噪声低；物料损耗少，成材率较高；加热效率高，能源消耗少；自动化程度高，人工成本低。但轧辊价格贵，辅料消耗大，维护难度较大。

二、钼条的旋锻开坯

旋转锻造或称旋锻、旋锤，是坯条在旋锻模具的脉冲式锻压力作用下的减径和延伸（见图6-13）。旋锻机工作时，立轴转动而使两半组合旋锻模的位置处于不断往复变化的状态中，利用立轴的高速旋转和滚珠的顶压作用，使旋锻模在滑槽内做周期或往复直线运动，模具高频率锻打坯料，沿坯

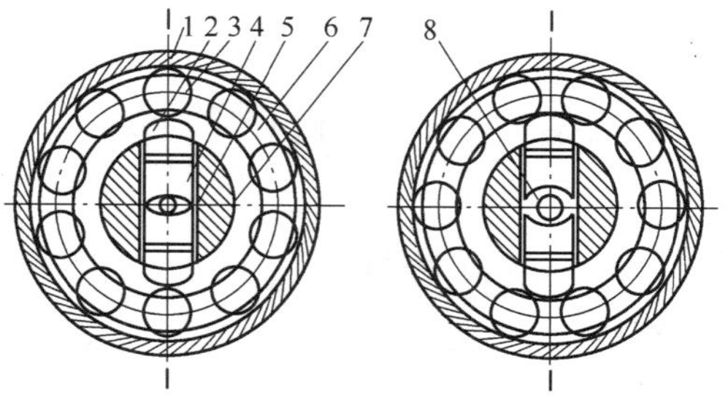

图6-13 旋锻原理示意图

1—外环；2—锤头；3—滚柱；4—旋锻模；5—垫片；6—滚柱保持架；7—主轴；8—坯料

料的径向形成径向压力的连续叠加，使坯条断面逐渐缩减，同时使其变成与旋锻模内腔相符合的形状和尺寸，而长度增加，坯条的金属组织、性能和表面状态也发生显著变化。

旋锻机的滚柱对数、主轴的每分钟有效转数和送料速度不同，则坯料在单位时间内所承受的锻打次数也不同。由于一般旋锻机有 10 ~ 12 个滚柱，所以主轴每转一周，坯料将承受 10 ~ 12 次的锻打作用。然而，坯料在每次打击后的变形量极微小，从而摩擦阻力和变形功也较小。为了提高生产效率和节约能源，通常使用多台旋锻排列成线，使坯料一次通过两台以上旋锻机，并完成两个以上道次的变形加工，称之为串联旋锻或者串打旋锻。

旋锻时坯料在合理的工艺条件下受三向压缩应力的作用，旋锻力周期性地变化，而且外摩擦力不大，金属的变形较缓和，较适合低塑性坯料的加工。但旋锻的生产效率低，金属损耗和能源消耗大，特别是噪声非常大，对操作者健康和周边环境有害。

第二节 钼杆的焊接

为了增加钼丝的单盘重量，满足后续多模拉丝的需要，以提高劳动生产效率，往往要把多根钼杆焊接起来。钼杆的焊接是利用金属的自熔解并可速接的机理来进行的。在专门焊机上采用储存的电能，极短的时间内放电于待焊接的钼杆的端头，使钼杆端头局部加热为熔融状态，再加上在外力的作用下，将端头迅速地对接在一起，待钼杆冷却后即完成焊接作业。

一、焊接前的准备

（一）钼杆端头的切割

钼杆的端头切割是焊接的第一道工序。经过开坯后的钼杆端头会出现一定深度的加工缩孔，或者存在劈头和裂纹等缺陷，所以必须在钼杆的两端切割一定厚度的端头，切割的厚度以除去加工缩孔和缺陷为宜，一般为5mm左右。如果发现劈头和裂纹较深，则要进一步切割，直到从侧面观察缺陷消除为止。钼杆端头切割后，露出新的断面，有利于焊接的牢固度。

（二）钼杆端头的磨削

端头磨削是为了能使焊接顺利完成而对钼杆进行的整形，将钼杆两端在砂轮上进行磨削，使钼杆端呈现为标准的平顶圆锥形，圆锥形高一般为10mm，而锥顶圆直径随钼杆本身直径大小而变化，一般在4～6mm左右。除此以外，为了使焊接顺利进行还须将钼杆两端的表面氧化膜磨去，一般长度为90mm左右。磨削厚度以刚好除掉黑褐色表皮为佳。

二、焊接作业

钼杆的焊接是在专用的对焊机上进行的。将磨削好端头的两根钼杆放置于对焊机上，对好中心位置，调节好充电时间、预热时间、通电加压力和锻压力等工艺参数，并启动焊机进行对焊作业。焊接后要保证焊疤的直径和厚度达到规定要求，并判断焊接的牢固度。

钼杆焊接时两根钼杆端头熔融的部分受到挤压，会产生物质流动并隆起而产生焊疤，必须用高速旋转的砂轮磨去，使钼杆焊接部分直径与钼杆原直径保持一致，不能大于原直径，也不能明显小于原直径。

第三节 钼杆的连续旋锻

经焊接好的钼杆因直径较粗，不能立即上拉丝机拉丝，因此必须经过后续多次旋锻，才能将直径减小到粗拉丝机的要求范围以内。为提高劳动生产效率和节约能源，通常采用连续旋锻的工艺方法减径。连续旋锻是模锻的一种特殊方式，就是在多台旋锻机相继作用下，使被加工金属连续产生直径减小和长度增加的一种锻造方式。简单讲就是焊接好的钼杆，通过自动送料机匀速进入加热炉，达到加工温度后被送入第一台旋锻机完成第一次变形，然后连续进入第二台旋锻机再加热和再变形……直到达到需要的直径和长度，串联的旋锻机的多少以工艺要求来进行选择。

常用的连续旋锻方式有三机连锻和六机连锻。在钼杆焊接后一般选择三机连锻，这是由旋锻工艺设计所决定的。三连锻属于热旋锻，加工温度要求在1100～1250℃之间。经三连锻加工后，较细的钼杆常采用六机连锻继续加工，压缩比和加工速度是按整组设备同时工作配置的，也可拆分为两套三连锻机组工作。六连锻属于温旋锻，加工温度在 850 ~ 1050℃之间。

经连锻后的钼杆表面不能有较多和较大的毛刺，不能有明显的旋锻锤痕。对质量要求较高的产品，钼杆还须经无芯磨床磨削表面，去掉表面的毛刺、裂纹、锤痕等缺陷，并经超声波无损探伤检验，合格后方能下放。

第四节 钼丝的拉拔

钼丝的拉拔是在各种拉丝机上进行的。在有润滑剂包覆的情况下，让钼杆（丝）通过断面逐渐减小的模孔，在其前端头施加一定大小的拉拔力，从而实现使钼杆（丝）断面减缩和长度延伸的塑性变形，获得与模孔尺寸和形状相同的钼杆或钼丝。拉丝过程也提高了产品的尺寸精度，改善了产品的表面质量和最终产品的组织和性能。

一、钼丝拉拔的分类

钼丝拉拔的分类有多种：按丝径分为粗拉伸和细拉伸；按使用模数分为单模拉伸和多模拉伸；按设备特性分为链式拉伸和卷筒式拉伸；按温度高低分为冷拉伸和温拉伸；按受力情况分为无反拉力的拉伸和带反拉力的拉伸等。一般情况下，粗丝大都采用单模拉伸，中丝或细丝则采用多模拉伸。多模拉伸是钼丝在拉伸过程中依次通过两个或两个以上断面逐渐减小的拉模，使钼丝在同台拉丝机上发生多次减径变形。

二、钼丝拉伸的配模原则

（一）粗拉丝配模的特点

经旋锻后的钼杆料，已具备了足够的塑性和强度，可采用大的道次压缩率进行粗丝的温拉伸，开始拉伸的道次压缩率可达40%。采用大压缩率拉伸，其变形均匀性好，有利于纤维组织的成长和完善，即得到均匀排列的纤维组织，从而有利于提高丝料的塑性。但根据钼丝拉伸时加工硬化速率较快这一特性，粗拉丝配模的道次压缩率分配，应按每一道次顺次减少的规律分配。在保持变形均匀性的同时，充分利用温加工过程的软化效应，有利于减缓钼丝的加工硬化速率和减少退火次数。同时，将降低拉丝时的断丝率，提高拉丝的安全系数。

（二）细丝的单模拉伸配模原则

合理的道次压缩率，应首先保证在拉伸时不发生“缩丝”和“断丝”，为此需要计算拉伸力和校核安全系数是否符合安全拉伸的条件，并保证获得直径公差小和单位长度较长的制品。但道次压缩率过小，则丝材表面质量下降，且易出现曲丝、毛糙和丝料曲环直径小等缺陷。为了提高细钼丝成品直径的一致性，同时获得光滑黑亮的表面，在实际拉丝中的控制方法如下：在接近出成品规格前2～3道拉伸时，取道次压缩率的下限，也就是使拉出的半成品丝径为正公差；并严格控制加热温度和模温，以及拉伸速度，以便得到直径较为均匀的半成品丝材。在拉成品规格时，适当加大道次压缩率，也就是取道次压缩率的上限，并选用优质拉丝模，在适当地降低丝料的加热温度的条件下进行拉伸，就可获得表面质量好的成品丝材。

（三）多模拉伸的配模特点

在采用多模拉伸时，除了按照单模拉伸的规定进行配模设计外，还应根据多模拉伸的特点满足其特定的要求，才能防止断丝和实现正常稳定的拉伸过程。

钼丝拉伸用的多模拉丝机，一般均属滑动式拉伸。现用的多模拉丝机有直筒式和塔形卷筒式两种形式。它们的主要区别是：前者是等速拉伸，后者为增速拉伸，其配模要求也有所不同。

第五节　钼丝拉伸的质量控制

一、原辅材料

原料钼丝的质量是实现正常拉丝的首要条件。来料的尺寸、表面状况、物理性能、排线好坏以及是否有毛刺、劈裂等缺陷，都最终影响钼丝的质量，一定要按工艺要求严格检查。

拉丝模具内孔尺寸和表面光洁对钼丝拉伸有很大的影响。拉丝前应认真检查模具内孔尺寸，清洁内孔表面；检查各道次模具配备，确保道次压缩比符合工艺要求；核定模具的使用周期，到期应及时更换。

钼丝拉伸过程中丝材与模具孔内壁产生较大的摩擦力，加剧丝材应力产生和变形的不均匀分布，使金属变形抗力增加，降低了模具的使用寿命和丝材的表面质量。应根据拉丝直径的大小，正确选定配置润滑剂石墨乳型号，检查石墨乳容量及密度，确保石墨乳均匀一致。作业中应经常检查石墨乳流量及丝材涂覆情况。作业后应定期清洗石墨乳管道，确定拉丝过程中丝材润滑良好。

二、拉丝工艺控制

为了改善丝材性能，保证拉丝过程顺利进行，作业过程中必须对加工温度、模具温度、拉丝速度、配模等工艺参数进行严格控制。

合理的加工温度既要满足丝材成品或半成品具有一定的抗拉强度，又要保证丝材有足够的塑性。加工温度过高时，抗拉强度下降很快（或增加缓慢），变形抗力也大为下降，容易实现拉丝，但是在高温下丝材表面的润滑层会被破坏，增加了拉丝的摩擦力，使拉丝模寿命缩短。同时变形抗力下降太多，拉丝时容易产生缩丝和断丝。如果温度太低，则因塑性差，拉伸力大大增加，丝材容易产生劈裂和断丝。

拉丝时模子要加热到一定温度，一般情况下不允许冷模拉丝（冷拉线切割丝除外）。因为它会大大增加拉丝摩擦力，降低模具寿命，尤其在加工温度较低的情况下更为严重。冷模拉丝不能保证丝材表面质量，所以拉丝模的温度要求稳定在一定范围内，同时模子工作区所产生的热量要保证能散发，模套和模架对模温能起传热调节作用。

拉丝速度应与拉丝温度、道次压缩比相匹配，三者相互制约相互影响。拉丝速度过高时变形热效应增大，使金属的变形温度升高，容易产生缩丝和断丝，过低则将降低生产效率。

确定了的配模制度后，生产中一般不允许随意改动。如果道次压缩率过大，容易产生缩丝、断丝；如果道次压缩率过小，这时仅限于丝材表面变形，中心部分变形量极小或不能变形，从而引起应力集中，造成表面毛糙、灰暗和曲丝等现象。拉伸配模的原则首先要考虑保证产品最终获得所要求的尺寸公差、表面质量、组织结构、力学性能等，其次应尽量利用金属的塑性，减少拉丝道次，提高生产效率。

三、放丝及收丝张力调节

放丝张力即反拉力，拉丝时有一定的反拉力可降低拉伸力。合理地使用反拉力有如下优点：提高丝材的组织结构和性能的均匀性，提高丝材的平直度，提高丝材的尺寸精度，改善润滑条件，提高拉丝模的使用寿命。放丝张力小模孔容易被拉大，放丝张力过大则丝材容易被拉断。放丝张力的大小一般调整到丝材无跳动，匀速稳定为最佳。收丝张力是实现正常拉伸的必要条件。收丝张力小表现为收丝盘带不动、收丝盘转动不匀速或丝材上下摆动较大等现象，一则损伤模具，二则影响产品质量的稳定性；收丝张力过大则容易导致缩丝、断丝。收丝张力的大小一般调整到丝材无跳动，收丝盘转动匀速稳定为最佳。

四、钼丝产品的质量要求

钼丝产品的质量总体应符合 GB/T 4182—2003 国家标准。表面应呈现黑亮光泽，不允许有影响使用的裂纹、毛刺、氧化及霉点等，排线均匀，不允许乱丝压丝。钼丝尺寸应均匀一致，公差应达到有关标准要求。钼丝性能力求均匀稳定，抗拉强度及伸长率等满足顾客所提技术条件。

第六节 钼丝的中间退火

金属材料在冷变形时，随着外部形状和尺寸的改变，其内部的晶粒结构也发生极其复杂的变化，从能量的观点来看，这是一种内能增加的不稳定状态。材料一旦受热，原子的活动能力增加，就会使因冷变形而遭受到破碎的晶粒结构恢复到原先完整的晶粒结构状态，即是回复到能量比较低的状态。这种用热处理的方法消除由于变形而产生的晶粒结构损坏的现象称为退火。

在钼丝加工中，当加工变形到一定程度后（即加工硬化积累到一定程度后），必须通过中间退火后，材料才会变得软化，这样才能大量减少拉丝过程中的断丝现象，使钼丝能够继续加工变形。由于钼丝有再结晶脆性，因此，通常所说的钼丝中间退火其实只是一种为了减少其加工硬化，消除部分内应力的“消除应力退火”。

一、钼丝中间退火的作用

（一）消除积蓄于丝中的应力

由于在反复拉丝过程中丝材内部积蓄了应力，其抗拉强度过高，伸长率下降，无法继续进行正常拉丝作业，因此，应在适当的时候进行中间退火，消除应力。一般情况下，退火温度高，抗拉强度下降幅度大，容易进行拉丝加工，但温度过高，当抗拉强度低于600MPa时，钼丝变脆，拉丝困难。退火温度低，抗拉强度下降幅度小，加热脆性好，拉丝加工同样困难。

（二）调整产品的力学性能

由于各种钼丝产品对其性能要求不同，要求其抗拉强度和伸长率等性能也不同，因此需要通过改变退火点以及退火的温度、速度来调整产品的力学性能。对于钼丝的最终成品而言，一般要求有较高的抗拉强度，这样比较容易满足各种成型处理和使用要求，如线切割丝。而对于加工过程中的半成品而言，虽然抗拉强度偏高的丝材拉制时不易断丝，但因变形抗力较大，拉模损耗大，同时抗拉强度过高的丝材所允许的继续变形程度是有限的，拉制到一定程度后将导致内部缺陷的产生。所以，半成品的抗拉强度应控制在偏低为宜，如改拉丝。当然过低的抗拉强度将使拉丝无法正常进行。因此，无论是成品还是半成品，其抗拉强度都有一定的范围，中间退火工序就是控制产品抗拉强度的关键。另外，退火时通过重新氢化和涂覆石墨乳，还可更新丝材表面的石墨乳涂层。

二、退火点的选择

钼丝拉伸过程中的中间退火次数对丝材的抗拉强度有着关键性的影响。退火次数少或退火后丝材的加工量太大，将引起抗拉强度过高，有可能产生“过拉”现象，使抗拉强度出现失稳状态；但若退火次数过多，退火后丝材的加工度不够，会造成抗拉强度过低，将难以保证丝材的正常拉伸。因此，钼丝拉伸过程的中间退火点，应根据丝材的加工性能、加工工艺以及成品规格和性能的要求不同而正确选择，这样才能实现正常的拉伸并保证最终成品的产品质量。

一般来说转入拉伸时杆料的直径越大或采用大的道次压缩比拉伸时，由于加工硬化率较高，因而中间退火点应相应增加。但为了不降低生产效率，在加工过程的中间，退火次数以不超过 3 次为宜。

三、退火的工艺过程

钼丝的退火有多种不同的工艺，但主要为马弗炉退火和连续退火两种。马弗炉退火是将钼丝复绕成丝圈状，置于马弗炉内在湿氢保护下退火，退火温度根据工艺要求设定，退火时间约为 20 ~ 50min。经退火后的钼丝取至炉口低温区，让钼丝降至 700℃左右，取出在空气中冷却并使表面生成氧化膜，待钼丝捆的温度降至 550℃时，将钼丝投放在石墨乳中，石墨乳的密度约为 1.05g/cm^3。钼丝涂覆石墨乳晾干或烘干即可拉丝。

连续退火是一种比较先进的退火方式。像拉丝机一样，连续退火机有一个放丝机构和一个收丝机构，中间设有一个钼丝加热炉、氧化炉、石墨乳槽、烘干炉等。退火的钼丝在设定的温度和速度下，连续地通过湿氢保护下的炉子，经空气中氧化后再涂覆一定密度的石墨乳，最后经烘炉烘干，收丝成盘。这种方式较适用于单根丝质量较大的细钼丝退火作业。

退火后钼丝表面应为灰色，颜色应均匀一致，不应夹杂黄灰、紫色或其他颜色，钼丝的抗拉强度和伸长率应满足后续工序的要求。

第七节 白钼丝的生产

在钼丝的拉丝加工过程中，石墨乳作为一种良好的润滑剂，可以显著降低拉丝过程的摩擦力，同时，干燥后的石墨乳还可以起到保护丝材表面的作用。但作为电光源行业用的成品钼丝，其表面的石墨层是有害的，在高温下，钼丝表面的石墨会产生挥发，污染灯泡，从而降低灯泡的使用寿命和光效，因此，必须除掉钼丝表面的石墨层，这种去掉了表面石墨层的钼丝就是人们通常所说的白钼丝。

一、烧氢法生产白钼丝

白钼丝的生产方法有很多种，目前最常见的有烧氢法和电腐蚀法两种。所谓烧氢法，就是将钼丝在通入湿氢气氛的电炉中进行高温处理，在高温下，氢气中的水分与钼丝表面的石墨发生反应，从而去除钼丝表面的石墨，其反应式如下：

$$H_2O + C \longrightarrow CO + H_2 \uparrow$$

由于烧氢过程的气氛控制比较困难，很难彻底将石墨去除干净，同时，也无法消除钼丝表面的微小缺陷，因此通过烧氢法生产的白钼丝，其表面不是很理想，但通过烧氢方式生产白钼丝，其成本非常低廉，仍然普遍被采用。

二、电腐蚀生产白钼丝

电腐蚀是利用金属在电解液中受到电化学腐蚀的作用，即电化学阳极溶解，采用交流电源和直流电源，熔盐和水溶液均可进行电解腐蚀反应。通过电解腐蚀，钼丝表面的石墨和缺陷得以消除，从而得到可供直接使用的白钼丝。

（一）交流电腐蚀原理

用氢氧化钠做电解液，用交流电源进行电解时，在阳极钼丝的正半周产生下列反应，钼丝表面被氧化成三氧化钼：

$$2OH^- - 2e \longrightarrow H_2O + [O]$$

$$Mo + 3[O] \longrightarrow MoO_3$$

而在阴极钼丝的负半周产生下列化学反应：

$$Na^+ + e \longrightarrow Na$$

$$2Na + 2H_2O \longrightarrow 2NaOH + H_2 \uparrow$$

总反应式为：

$$MoO_3 + 2NaOH \longrightarrow Na_2MoO_4 + H_2O$$

钼丝表面被氧化生成的氧化钼与溶液中的氢氧化钠产生化学反应，生成可溶性的钼酸钠。化学反应过程析出的氢气有一定的压力，有利于疏松钼丝表面的氧化钼，使它在钼丝表面上容易脱落，以利排除。

（二）直流电腐蚀原理

将待腐蚀的钼丝置于阳极，通用的电解质溶液为 NaOH 溶液，在阳极上产生下列反应，钼丝表面被氧化生成三氧化钼：

$$2OH^- - 2e \longrightarrow H_2O + [O]$$

$$Mo + 3[O] \longrightarrow MoO_3$$

$$Mo + 8[OH]^- \longrightarrow MoO_4^{2-} + 4H_2O + 8e$$

在阴极上产生下列反应：

$$H_2O + 2e \longrightarrow 2[OH]^- + H_2\uparrow$$

总化学反应式为：

$$MoO_3 + 2NaOH \longrightarrow Na_2MoO_4 + H_2O$$

由于下半周期的电流为零，这时溶液中的氢氧化钠和氧化钼进行充分反应，把阳极上的氧化钼变成可溶性的钼酸钠进入溶液中。

三、白钼丝电解方式的选择

根据白钼丝的不同要求，可以采用不同的电解方式，目前比较常见的有 NaOH 交流电解法、NaOH 直流电解法、H_2SO_4 直流电解法等。直流电解的生产效率要远大于交流电解，因而电解损失也比较大。硫酸直流电解由于一次电解量很大，可以有效抛光钼丝表面，得到表面很光洁的镜面白钼丝。普通白钼丝一般采用氢氧化钠交流电解，用这种方法生产白钼丝，成材率较高，生产工艺设备简单，控制容易。

四、白钼丝的电腐蚀过程

由于钼丝单根长度很大，电解过程需要连续进行，一般采用连续式极化电解槽，钼丝连续通过多个电解槽不断得到电腐蚀净化。整个电解腐蚀装置包括一个放丝机构和收丝机构，中间设有多个电解槽、清洗槽、退火炉等。具有合适电解余量，表面和性能都符合要求的原料黑钼丝，通过多极电解槽不断电解净化表面，去掉表面的石墨乳和毛刺等缺陷，在清洗水池内进行清洗后，进入退火炉内进行连续式退火及干燥，使其抗拉强度和伸长率达到要求，满足弯折次数超过3次以上的要求。生产出来尺寸均匀的具有镜面光泽的白钼丝，检验合格后白钼丝经复绕包装即可出厂。

第七篇

钼工业的现状

第一章　中国钼工业经济运行情况综述

第一节　生 产 能 力

2010 年，中国钼选矿生产能力为 27 万吨/天，同比增长 8%；中国钼焙烧能力远大于钼精矿的生产能力，在辽宁、河南等地钼焙烧厂很多，两大钼联合企业——金堆城钼业集团股份有限公司和洛阳栾川钼业集团股份有限公司分别建成了规模较大的多膛炉焙烧工业氧化钼生产线，使国内氧化钼、钼铁生产能力大幅度提高，达到 28 万吨/年，同比增长 40%；中国钼酸铵生产能力为 5.5 万吨/年，同比增长 5.77%；钼酸钠的产能为 1.0 万吨/年；高纯二硫化钼粉的产能保持在 1700 吨/年的水平，目前国内只有金堆城钼业集团有限公司生产和销售高纯二硫化钼粉；高纯三氧化钼是生产钼粉过程中的中间产品，一般作为成品出售的较少，2010 年其生产能力为 1.45 万吨/年；钼粉及其制品（包括钼粉、未锻轧钼金属产品、已锻轧钼金属产品、钼丝、其他钼制品等）的产能保持在 1.8 万吨/年。

第二节　钼产品产量

据中国有色金属工业协会统计，2010 年中国钼精矿产量 21.5 万吨，同比增长 6.96%；据中国有色金属工业协会钼业分会统计，2010 年氧化钼产量 6.8 万吨，同比增长 14.60%；钼铁产量 4.2 万吨，同比下降 16.15%；钼化工产品产量 2.7 万吨，同比增长 26.05%；钼粉及其制品产量 6413t，同比增长 28.11%。在这 5 种钼产品中，只有钼铁产量出现了降低，其他 4 种均出现了大幅度增长。中国钼产品产量近年来的变化如图 7-1 所示。

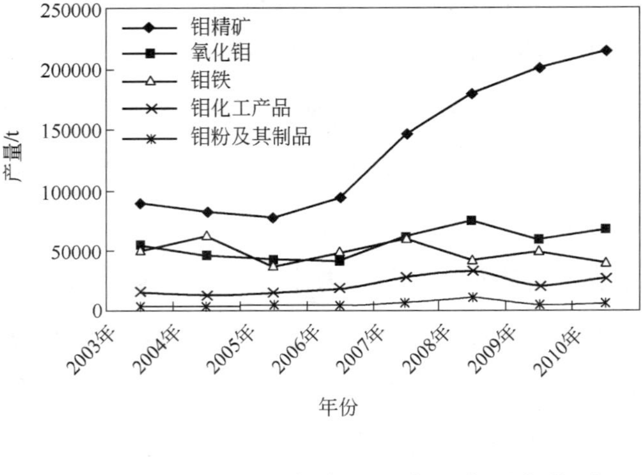

图 7-1　2003 ~ 2010 年中国钼产品产量变化图

2010 年全球经济有了恢复性的增长，钼行业也不例外。2010 年中国钼精矿产量同比增长 6.96%，钼精矿产量的增长主要来自内蒙古、陕西、河南等主要钼生产的省区，增幅分别为：41.92%、4.56%、0.21%，其他产量较少的省区，钼精矿产量还有较大幅度的减少，但对于整个国内钼精矿产量的增长未造成大的影响。

2010年工业氧化钼产量同比增长14.60%，工业氧化钼产量的增长主要来自洛阳栾川钼业集团有限公司、朝阳金达钼业有限责任公司、江西铜业、金堆城钼业集团股份有限公司等企业，增幅分别为：53.77%、24.90%、40.31%、0.64%。

2010年钼铁产量同比下降16.15%，钼铁产量的减少主要来自金堆城钼业集团有限公司、锦州沈宏、朝阳金达等企业，减幅分别为：1.67%、10.00%、4.74%。洛阳栾川钼业集团有限公司钼铁产量有较大幅度的增长，增幅为50.81%。

2010年钼化工产品产量同比增长26.05%，主要来自金堆城钼业集团股份有限公司、洛阳栾川钼业集团股份有限公司、江苏峰峰钨钼制品股份有限公司、金堆城钼业光明（山东）股份有限公司等大型企业，增幅分别为：48.41%、19.03%、5.26%、11.89%，而国内中小型钼化工生产企业的钼化工产品产量却有不同程度的减少。

2010年钼粉及其制品产量的增长幅度为28.11%，主要来自金堆城钼业集团股份有限公司、洛阳栾川钼业集团股份有限公司、江苏峰峰钨钼制品股份有限公司等大型企业，增幅分别为：45.77%、27.50%、34.86%，而其他中小型钼加工厂大都处于停产状态。

第三节 钼资源量不断增加，新钼矿点不断涌现

近年来，中国新钼矿不断涌现，据中国国土资源部储量统计显示，中国钼查明资源储量由2007年的1136万吨，增加到2008年的1232万吨，同比增长率为8.45%，2009年中国钼的查明资源储量为1255万吨，同比增长1.87%，而2010年中国钼的查明资源储量为1400万吨，同比增长11.55%。在短短的4年内，中国钼查明资源储量就增加了264万吨，增长率为23.24%。

2010年中国又发现了一些新钼矿点，且均属大型钼矿。如安徽省的金寨县沙坪沟发现了特大型钼矿，其储量在220万吨以上，原矿平均品位为0.15%，属斑岩型钼矿；大兴安岭松岭地区岔路口钼矿约有124万吨金属量，企业位于黑龙江大兴安岭地区松岭区劲松镇，地处伊勒呼里山脉南坡，多布库尔河上游，地理位置属于内蒙古，行政区划隶属大兴安岭地区松岭区管辖，钼原矿品位为0.03%～0.12%，属斑岩型钼矿；黑龙江伊春鹿鸣钼矿石量共计9亿多吨，钼金属量为80余万吨，原矿平均品位为0.088%；伊春北部红星霍吉河钼矿的钼金属量为35万吨。

第二章 钼工业产业结构现状

第一节 产品结构变化

2003～2010年中国钼产品结构如表7-1所示。由表7-1

可见，自2005年以来，氧化钼、钼铁所占份额逐年降低，钼化工产品、钼粉及其制品所占份额逐年提高，但自2007年以来氧化钼、钼铁所占份额大幅降低，而钼化工产品、钼粉及其制品所占份额大幅提高。这与中国政府对钼产品的出口进行宏观调控密切相关，自2005年起中国钼产品出口采取取消退税、征收出口关税、实行配额管理、不断调高出口关税等一系列调控措施，限制钼初级产品的出口、鼓励附加值高的钼深加工产品的出口政策，使2005年以来中国钼产品的结构逐步趋于合理，尤其是2007年6月18日实行配额管理以来，这种趋势则更为明显。2003年以来，钼粉及其制品的生产量逐年大幅提高，2007年增幅达61.12%，2008年增幅达24.96%，2010年增幅为28.11%，这主要得益于国内两大集团公司——金堆城钼业集团有限公司、洛阳栾川钼业集团有限公司近两年来，逐年大幅提高钼酸铵、钼粉及其制品的生产能力，以及江苏等地一些民营骨干企业增加了钼酸铵、钼粉及其制品的生产。

表7-1　2003~2010年中国钼产品结构

年份	2003年	2004年	2005年	2006年	2007年	2008年	2009年	2010年
氧化钼、钼铁/%	84.17	85.90	82.48	80.32	76.79	72.45	76.03	76.86
钼化工产品/%	12.66	10.59	13.38	15.47	18.10	20.34	19.38	18.65
钼粉及其制品/%	3.16	3.51	4.14	4.21	5.11	7.21	4.59	4.49
合计/%	99.99	100	100	100	100	100	100	100

注：以中国有色金属工业协会钼业分会统计的实物量为准。

第二节 产业分布

2010年中国钼精矿的生产主要集中在河南、陕西、内蒙古、河北、辽宁、福建、吉林、江西等省区，其钼精矿产量占全国钼精矿总产量的96.19%，其中河南省钼精矿产量占全国的49.69%，河南、陕西两省钼精矿产量占全国总产量的68.07%。2010年中国钼精矿产量分布如图7-2所示。

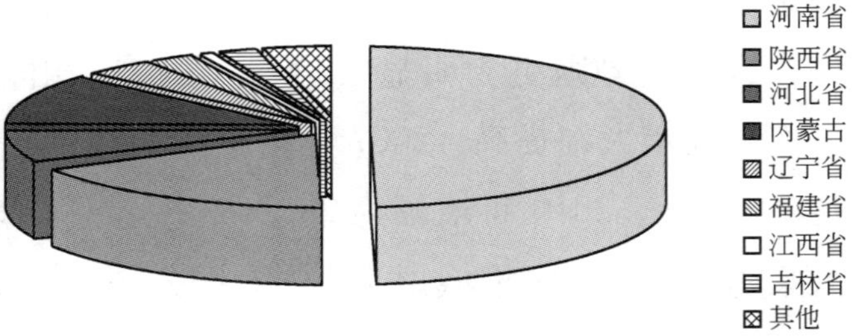

图7-2 2010年中国钼精矿产量分布

2010年中国氧化钼、钼铁的生产主要集中在河南、陕西、辽宁等省，其中金堆城钼业集团有限公司和洛阳栾川钼业集团有限公司氧化钼的产量占到了全国的70%以上，钼铁的产量占到全国的50%以上，有资源的大型钼选矿企业大都建立了配套的钼冶炼厂，辽宁及河南洛阳许多独立的钼冶炼厂都被迫停产。

2010年中国钼酸铵等钼化工产品的生产主要集中在陕西、江苏、安徽、河南等省，其中陕西省和江苏省的产能各占全国总产能的30%；陕西省钼化工产品的产量占全国总产量的 54.47%，江苏省钼化工产品的产量占全国的 9.09%；陕西省钼化工产品的生产很集中，主要是金堆城钼业集团有限公司，而江苏省的钼化工产品的生产分布较广，中小企业多，2010 年大多都处于停产状态。

2010 年中国钼粉及其制品的生产主要集中在陕西、河南、江苏等省，该三省的钼粉及其制品的生产能力占全国的 85% 左右，但江苏、河南等地专业生产钼粉及其制品的厂家多，规模小，比较分散，而陕西省钼粉及其制品的生产较为集中，主要企业为金堆城钼业集团有限公司，其产量占全国总产量的 49% 左右。

第三章　钼的消费现状

第一节　世界钼消费结构及消费现状

一、钼消费结构

根据国际钼协的最新统计，2009 年全球钼消费量总计 17.5 万吨，相应的消费结构（不含废钢的应用）为：建筑工程钢 37%、不锈钢 22%、合金工具钢/高速钢 9%、铸铁/铸钢 7%、超合金 4%、化工 15%、钼金属 6%。主要领域是钢铁行业，其消费量占总量的 79%。

以上在分析钼消费结构时，没有考虑钢铁行业中废钢的应用。在考虑废钢应用的情况下，2009 年全球钼消费量总计为 20.4 万吨左右，相应的消费结构为：建筑工程钢 34%、不锈钢 26%、合金工具钢/高速钢 10%、铸铁/铸钢 7%、超合金 5%、化工 13%、钼金属 5%，即钢铁行业占比 82%。

二、钼消费地区

随着世界钢铁工业的发展，钼消费量在不断上升。2001～2008 年期间，世界钼消费量从 13.6 万吨增长至 21 万吨，年均增长 6.4%。世界钼消费主要集中在欧洲、美国、日本、中国等钢铁生产国家和地区，2008 年其消费量占到了全球总消费量的 82.5%，但近年来的增长主要来自中国。2008 年中国钼消费量为 4.75 万吨，比 2001 年增加 3.65 万吨。自 2001 年以来中国钼消费量年均增长 23.3%。

2009 年，受全球金融危机的打压，国际钼市场消费大幅度萎缩，其中西欧钼消费量同比下降 33% 至 4 万吨；美国钼消费量同比下降 20% 至 2.8 万吨；日本钼消费量同比下降 30% 至 2.1 万吨，其他市场钼消费量同比滑落 15% 至 3.1 万吨，国外市场钼消费量出现多年来罕见的大幅下降。各主要消费市场降幅不一的原因有：

第一，据国际钢铁协会统计，2009 年，欧盟 27 国粗钢产量同比下降 29.6% 至 1.39 亿吨；同期其他欧洲国家粗钢产量同比下降 6.9% 至 2881 万吨；美国粗钢产量同比下降 36.4% 至 5814 万吨；日本粗钢产量同比下降 26.3% 至 8753 万吨。

第二，据英国商品研究所统计，2009 年西欧不锈钢产量同比下降 24% 至 596 万吨；同期美国不锈钢产量同比下降

16%至162万吨；日本不锈钢产量同比下降27%至495万吨。为此，在中国以外的地区，2009年钼消费量同比下降25.6%至12.1万吨。

在全球主要地区钢铁产量纷纷下降的同时，中国产量仍在逆势而上。2009年，中国粗钢产量达到5.7亿吨，同比增长13.5%；同期不锈钢产量更是同比大增35.6%达到995万吨，300系不锈钢产量比例继续保持在40%以上，为46%。而且，中国粗钢产量和不锈钢产量全球占比已经分别达到46.6%和38%，中国钢铁生产在国际市场上的影响力正日益加深。受此支撑，2009年中国钼消费量进一步同比增长13.8%，达到5.4万吨。中国钼消费量全球占比也已经从2005年的12.6%逐步提高到30.9%，并因此超过西欧，成为全球最大的钼消费地区。

2010年，随着全球经济的逐步复苏，西欧、美国和日本的不锈钢产量呈现恢复性加速增长态势，全年西欧不锈钢产量同比增长26.6%至756万吨，美国不锈钢产量同比增长36%至220万吨，日本不锈钢产量同比增长约30%至651万吨，中国不锈钢产量同比增长24.4%至1235万吨，全球占比38.3%。受此支撑，2010年中国钼消费量同比增长11.1%至6万吨，全球其他地区钼消费量同比增长20.1%至14.51万吨，全球钼消费总量同比增长17.3%，达到20.51万吨。

第二节　中国钼消费现状

根据安泰科的调研分析，目前在中国，钼产品消费结构为：不锈钢 34%；高强度低合金钢 29%；高速工具钢和其他 8%；铸铁和轧辊 6%；化工 15%；钼制品 8%，即 77% 主要以氧化钼、钼铁的形式消费于钢铁行业，23% 以精细化工产品、钼金属制品的形式消费。随着难熔材料的复合化、粉体的纳米化、金属的高纯化等钼钨新技术的应用，以及高科技靶材和化工材料等领域的发展，钼深加工产品的消耗比例将不断扩大。

2001 ~2010 年期间，中国粗钢产量已经从 1. 51 亿吨快速提高到 6. 27 亿吨，同期不锈钢产量从 71 万吨急增到 1235 万吨。正是受钢铁行业迅猛发展以及钼在钢管、汽车生产、化工行业和航空航天等的应用领域不断拓宽的影响，中国钼消费量于 2001 ~2010 年期间实现了长足的增长，已经从 2001 年的 1. 09 万吨提高至 2010 年的 6. 0 万吨，年均增长 27. 5%。

第四章 钼的资本运营

第一节 国际钼市场的资本运营

截至目前，国外直接针对独立钼矿开发企业的并购活动不多，多数相关并购活动主要是针对铜矿山开发企业进行的。

就现有钼矿山并购的案例而言，国外并购方式主要包括现金收购、股票收购（股票收购是指管理层从目标公司的股东那里直接购买控股权益或全部股票）和综合证券收购（是指收购主体对目标提出收购要约时，其出价有现金、股票、公司债券、认股权证、可转换债券等多种形式的组合）。

（1）2007 年美国自由港迈克墨伦铜金矿公司（FCX）收购对手 Phelps Dodge 公司，收购价是 259 亿美元现金及股票，此次并购造就了世界上最大的上市铜生产商。并购之前 FCX 只是铜和金的生产商，并购之后营业范围扩大至铜、钼、金、银、钴。此次并购包括 5 个生产钼的矿山：北美 Bagdad 矿山（副产）、北美 Sierrita 矿山（副产）、北美 Henderson 矿山（主产）、北美 Climax 矿山（主产，停产）和南美 Cerro Verde 矿山（副产）。

（2）NMC RESOURCE 于 2011 年收购了 Xstrata 旗下的 Boss Mountain 钼矿。Boss Mountain 钼矿位于卑诗省 Hendrix Lake 西部约 10 公里处，地处 Caribou 采矿区内，曾生产出钼平均品位自 0.189%（0.315% MoS_2）至 0.26%（0.43% MoS_2）不等的钼矿。该矿曾在 1983 年 1 月因钼价较低而关闭，从此以后一直未投入运作。部分许可证仍然可用。

（3）加拿大维尔京金属公司（Virgin Metals）收购墨西哥索诺拉州 Cuatro Hermanos 铜钼矿项目。维尔京金属公司以 250 万美元和 50 万股普通股从温哥华 Morgain 矿业公司购入 Cuatro Hermanos 铜钼矿项目控股权。

第二节　中国钼市场的资本运营

目前，中国钼行业共有两家上市公司，分别是金钼股份和洛阳钼业。

（1）金钼股份。金堆城钼业股份有限公司（股票简称：金钼股份，代码：601958）是由金钼集团作为主发起人，联合太钢集团、东方集团及宝钢集团其他三家发起人发起设立，于2007年5月16日在陕西省工商局登记注册的股份有限公司，其中金钼集团将其钼金属的采矿、选矿、焙烧、加工、销售以及与之相关的供应、运输、监测和研发等业务（即“主钼业务”）的相关资产和股权，经评估后作价2043296940.17元作为出资，占公司95%的股份；太钢集团、东方集团和宝钢集团分别以现金64525166.53元、21508388.84元和21508388.84元出资，占公司3%、1%和1%的股份。2008年，金钼股份首次公开发行5.38亿股A股股票，于4月17日在上海证券交易所上市交易，发行价16.57元/股，募集资金89.15亿元（含发行费用）。

（2）洛阳钼业。洛阳栾川钼业集团股份有限公司（证券代码：3993，中文名称：洛阳钼业，英文名称：China Moly）于2007年4月26日在香港联合交易所上市，共募集资金约81亿港元，其资本结构为：国有36.85%；法人36.27%；外资26.88%。

第三节 兼并重组

近年来，中国钼矿开发企业的并购活动较多。一是按照国家整顿钼矿开发秩序的要求，在政策支持下的资源整合；

二是现有钼矿开发企业为了扩大规模，增强资源保障能力开展的并购活动；三是大型综合性企业集团凭借总体实力优势，进入钼矿开发领域进行的资本运作；四是中国企业凭借后发优势，为了迅速扩大规模，占有资源，在世界独立钼矿开发领域进行的资本重组活动。

（1）2009 年底，按照国家整顿钼矿开发秩序的要求，洛钼集团收购洛阳富川矿业有限公司 90% 的股权，洛阳富川在栾川县持有并经营上房沟钼矿。上房沟平均钼矿石品位达到 0.14% Mo，钼金属资源量大约为 70 万吨。

（2）新疆洛钼出资 10.36 亿元人民币购得位于新疆哈密市东戈壁一处面积达 16.77 平方公里矿产区域的探矿权。新疆洛钼是由洛钼集团与河南省地勘局下属的鑫源矿业合资成立的公司。洛钼集团持有新疆洛钼 70% 的股权。哈密东戈壁钼矿属大型高品位钼矿床，适宜露天开采。

（3）河南煤业化工集团有限责任公司凭借总体实力优势，于 2010 年 1 月接管栾川县长青钨钼有限责任公司。栾川县长青钨钼有限责任公司拥有钼钨工业矿体矿石量 6851 万吨，钼金属储量 74033 吨，钼平均品位 0.108% Mo；伴生钨（WO_3）金属量 47320 吨，钨（WO_3）平均品位 0.069%。

（4）四川汉龙（集团）有限公司（简称：汉龙集团）按照国际资本运作方式，支付 8000 万美元，获得美国通用钼矿公司（简称：GMO）25% 的普通股。汉龙集团将通过其美国子公司汉龙矿业投资公司，分两次总计出资 8000 万美元认购 GMO 25% 的普通股，成为 GMO 单一最大的股东，并负责安排 GMO 在厚普山钼矿开发建设所需的约 6.65 亿美元银行贷款，同时为之担保。在银行贷款到位前，汉龙集团承诺为 GMO 提供 2000 万美元的过桥贷款。汉龙集团在 GMO 厚普山项目开发建成后的整个项目经营期（约 44 年矿山开发寿命）内将拥有相当于其产能 40% ~ 55% 的产品包销权，折合产品钼精矿约合每年 1600 万磅至 2200 万磅（7257 ~ 9979t（钼））。

GMO拥有位于美国内华达州 Eureka 县的厚普山（Mt Hope）钼矿 80% 的权益，持有其余 20% 权益的合作伙伴是韩国浦项钢铁（POSCO），这是目前世界上已知的未开发钼矿中的品位最高、资源量最大的钼矿项目之一。

（5）2010 年 10 月汉龙集团以 1.4 亿美元股权投资及 6000 万美元股东贷款收购澳大利亚钼矿公司 55.3% 的股份。澳大利亚钼矿有限公司（Moly Mines Ltd.）是一家澳大利亚的矿业开发公司，其股票同时在澳大利亚证券交易所和加拿大多伦多证券交易所上市挂牌交易。该公司拥有斯宾尼费克斯（Spinifex Ridge）项目 100% 的权益，该项目是一个世界级特大型矿产资源开发项目，特别值得一提的是，这座矿山还是一个巨大的铁矿，其储量达 10 亿吨，品质优良，平均品位达 58.9% 以上。此外还持有位于澳大利亚新南威尔士州的 3 个钼矿勘探项目（Glen Eden, Mt Pleasant & Mt Tennyson）。

第五章 钼的市场及价格与对外贸易

第一节 国际市场及价格

2010 年世界经济呈现恢复性增长，国际钼市场价格亦大幅上涨，全年价格在 14.10 ~ 17.55 美元/lb(钼)波动(1lb = 0.45kg)，年平均价为 15.75 美元/lb(钼)，同比增长 41.51%。

2010 年国际市场氧化钼价格在较为理想的价位上呈波浪式运行，从 1 月份的 14.15 美元/lb(钼)，逐月上涨至 4 月份的 17.55 美元/lb(钼)，之后又逐月下降至 7 月份的 14.10 美元/lb(钼)，从 8 月份开始又逐月上涨至 12 月份的 16.13 美元/lb(钼)，详细情况如图 7-3 所示。

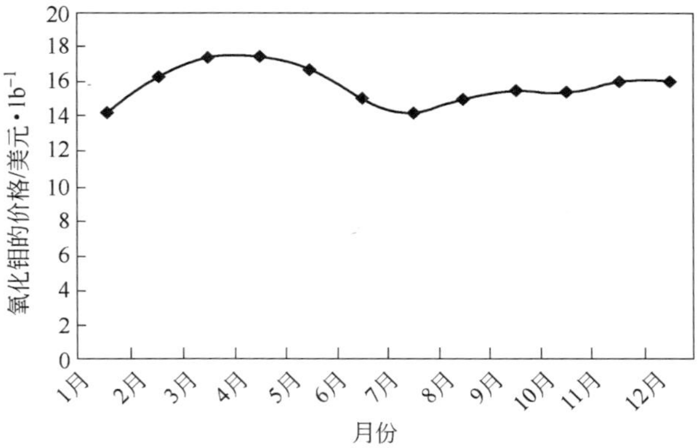

图 7-3 2010 年 1 ~ 12 月份国际市场氧化钼价格（MW）变化

2001～2010 年国际市场氧化钼价格变化如图 7-4 所示。由图 7-4 可见，由于世界经济危机，2009 年国际市场氧化钼价格大幅度下降，由 2008 年的 28.73 美元/lb，降至 2009 年的 11.13 美元/lb（钼），降幅高达 61.26%。但到了 2010 年国际市场氧化钼价格出现了恢复性的上涨，由 2009 年的年均价 11.13 美元/lb（钼），上涨至 2010 年的年均价 15.75 美元/lb（钼），涨幅高达 41.51%。

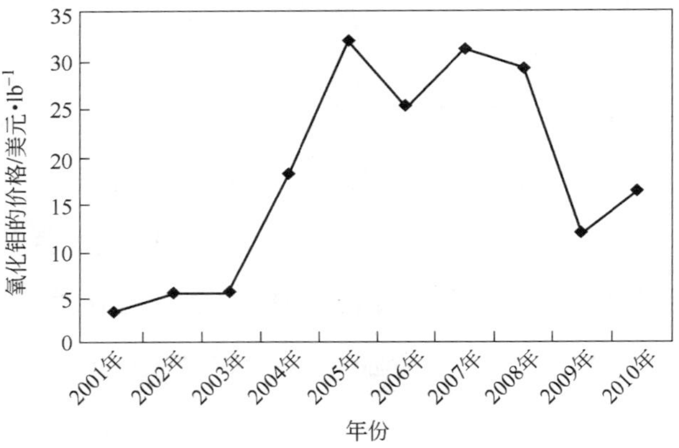

图 7-4 2001～2010 年国际市场氧化钼价格变化

第二节 国内钼市场及价格

2010 年国内钼市场价格走势与国际市场大体相似，但波动较大。国内钼精矿价格从 1 月份的 2116 元/吨度钼，逐月上涨至 4 月的 2290 元/吨度钼，之后出现了逐月大幅下降，降至 7 月份的 1929 元/吨度钼，8 月份微涨至 2031 元/

吨度钼，又出现了小幅下跌至 10 月份的 1993 元/吨度钼，12 月份价格为 2066 元/吨度钼，全年运行一波三折，详细情况如图 7-5 所示。

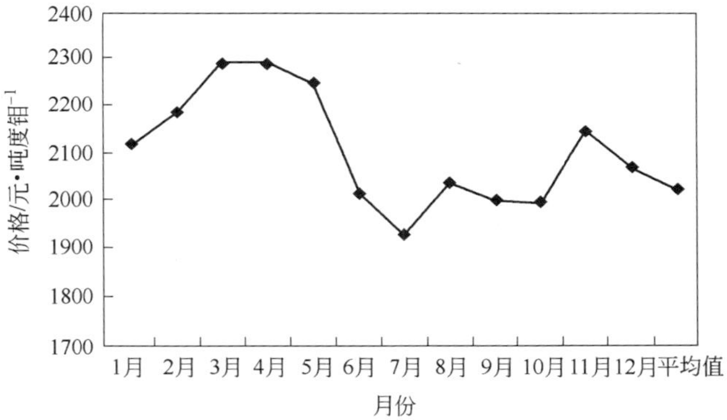

图 7-5 2010 年 1～12 月份国内市场钼精矿价格变化

2010 年国内钼精矿价格在 1929～2290 元/吨度钼之间大幅波动，年均价为 2019 元/吨度钼，同比增长 6.54%，与国际市场钼价格涨幅 41.51% 相比，国内钼市场价格涨幅就不大。

2004～2010 年国内钼精矿价格变化如图 7-6 所示。由于受金融危机的影响，2009 年国内钼精矿价格为 1895 元/吨度钼，与 2008 年的 3564 元/吨度钼相比，大幅度降低，降幅为 46.83%。相对于国际市场，国内钼价格降幅小了 14.43%，这也是 2009 年全年中国钼产品大量进口的主要原因。

2010 年国内钼市场钼精矿价格为 2019 元/吨度钼，与 2009 年相比仅上涨了 6.54%，这可能与 2009 年国内钼价格

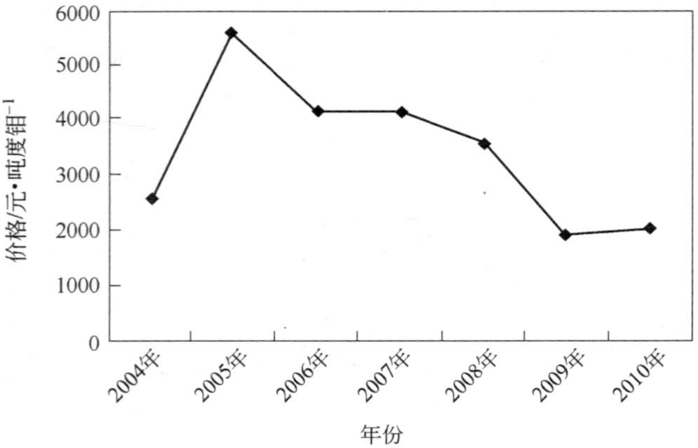

图 7-6 2004～2010 年国内钼精矿价格变化

降幅较小有关，但从另一方面说明，国内钼的需求热度降低，供需关系决定了市场价格。

第三节 对外贸易

一、2010 年中国钼产品进出口情况

据中国海关总署统计，2010 年中国钼产品进出口总量为 63032.83t（实物量，下同），同比下降 17.92%；进出口总额为 133722.15 万美元，同比增长 25.28%。其中：进口量为 30410.62t，同比下降 51.74%，进口金额为 57003.56 万美元，同比下降 29.75%；出口量为 32622.21t，同比增长 136.68%，出口金额为 76718.59 万美元，同比增长 199.77%，详见表 7-2。

表 7-2 2010 年中国钼产品进出口情况

商品名称	进口		出口	
	数量/t	金额/万美元	数量/t	金额/万美元
已焙烧钼矿砂及精矿	24010.297	43669.9316	22310.122	45286.8323
其他钼矿砂及精矿	5752.959	6340.2071	2187.042	2608.8644
钼的氧化物及氢氧化物	19.343	132.4992	177.848	352.9121
钼酸铵	19.644	54.9899	1841.490	3945.9004
其他钼酸盐	26.324	44.4365	366.050	595.9550
钼铁	258.450	411.6787	898.284	1744.1242
钼粉	85.862	673.1049	767.216	3200.6580
未锻轧钼（包括简单烧结成条、杆）	20.949	341.5209	5.132	22.7948
钼条、杆、型材及异型材（简单烧结而成的除外）	80.642	2485.1159	2980.806	13329.8992
钼丝	56.972	582.5265	458.853	2852.8869
钼废碎料	0	0		
其他钼制品	79.178	2267.5521	629.370	2777.7635
总计	30410.620	57003.5633	32622.213	76718.5908

注：资料来源于中国海关总署。

2010 年中国进口的 11 个钼产品中，除钼粉、已锻轧钼条、钼杆和钼丝、其他钼制品等金属产品有了较大幅度的增长，其余 7 个品种均有了较大幅度的降低，其中除未锻轧钼以外，其他均为钼精矿、钼炉料、钼化工等初级或初级加工产品；2010 年中国 10 个出口钼产品品种中除钼酸盐的出口量出现了下降，其他 9 个品种的出口量均出现了大幅的增长，尤其是钼矿砂及其精矿（钼精矿）的出口量，大幅度增长，同比增长 348.91%。

2009 年中国已由原来的钼净出口国变成了钼净进口国，并且钼的进口量是出口量的 4.5 倍，这是前所未有的，这是由于受到金融危机的影响，但到了 2010 年，金融危机的影响大大减弱，世界经济开始恢复性增长，使得中国又重新回到钼净出口国的地位，钼的出口量大幅度增加，进口量大幅度减少，钼的对外贸易逐步恢复正常。

二、中国钼产品进口情况

2010 年中国进口钼产品主要以已焙烧钼矿砂及其精矿（工业氧化钼）为主，进口量为 24101.30t，同比下降 30.74%，占总进口量的 78.95%；其次是其他钼矿砂及其精矿（钼精矿），进口量为 5752.96t，同比下降 59.66%，占总进口量的 18.92%，改变了 2008 年以前钼产品进口以其他钼矿砂及其精矿为主的历史。

2003～2010 年中国钼产品进口量情况如图 7-7 所示。2010 年中国钼产品进口量较 2009 年有了较大幅度的降低，降幅达 51.74%。2010 年国际市场钼价格大幅上涨，而国内市场钼价格却只有小幅上涨，致使钼产品进口量大幅度减少。

三、中国钼产品出口情况

2010 年中国出口以已焙烧钼矿砂及其精矿（工业氧化

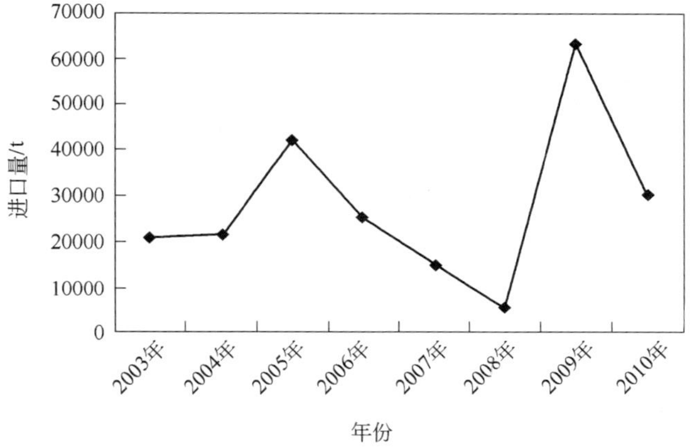

图 7-7 2003 ~2010 年中国钼产品进口量情况

钼）为主，出口量为 22310.12t，同比增长 164.78%，占总出口量的 68.39%；钼铁出口量为 898.28t，同比增长 37.44%，占总出口量的 2.75%，而工业氧化钼和钼铁的出口量占总出口量的 71.14%，改变了 2008 年以前工业氧化钼和钼铁（炉料产品）出口量占总出口量的 88% 以上的历史。

2010 年中国钼酸铵出口量为 1841.49t，同比增长 12.83%，占总出口量的 5.64%；已锻轧钼的出口量为 2980.8t，同比增长 151.75%，占总出口量的 9.14%，而钼粉的出口量为 767.22t，同比增长 192.23%。

2010 年中国钼产品出口量大幅度增长，增幅为 136.68%，由于 2010 年国内钼价格与国际市场钼价格差价不大，以及国际钼市场需求增加，使中国钼产品出口量较 2009 年有了较大幅度的增长。2003 ~2010 年中国钼产品出口量情况见图 7-8。

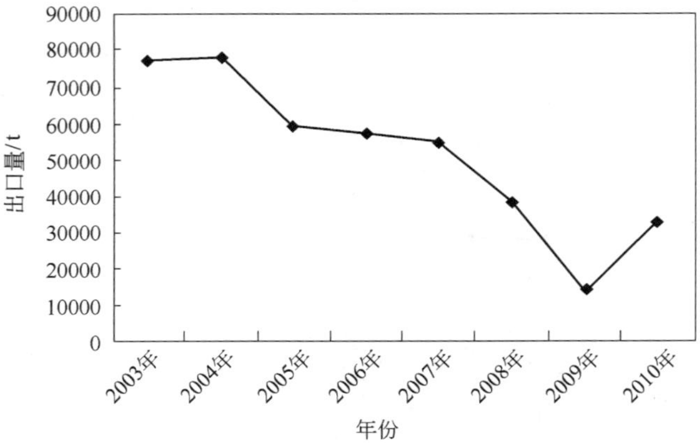

图 7-8 2003 ~ 2010 年中国钼产品出口量情况

第六章 2010 年中国钼工业经济运行状况分析

第一节 2010 年钼工业政策环境

为进一步加强钼行业管理，规范钼企业生产经营市场秩序，促进钼行业产业结构调整和优化升级，2010 年 2 月 9 日国家工业和信息化部下发了《关于公开征集钼行业准入条件意见的通知》，依据国家有关法律法规和产业政策，起草了《钼行业准入条件》（征求意见稿），在网上予以公示。

2010 年 3 月 18 日，工业和信息化部印发了《工业和信息化部下达 2010 年稀有金属矿产品和冶炼分离产品指令性生产计划》，对钼精矿产量按省区进行了分配。

自 2010 年 7 月 15 日起，国家取消部分钢材、医药、化工产品、有色金属加工材等商品的出口退税，其中包括钼加工材（包括锻轧钼条、杆、型材，不包括简单烧结的条、杆）和其他钼制品种产品 5% 的出口退税。

2010 年 11 月 10 日，国家商务部发布《关于 2011 年铟、钼出口企业年审标准和审核程序的公告》（商务部公告 2010 年第 80 号），为进一步加强稀有金属出口管理，规范出口经营秩序，根据《中华人民共和国对外贸易法》、《中华人民共和国货物进出口管理条例》的有关规定，公布了《2011 年铟、钼、锡出口企业年审标准和审核程序》。

2010 年 11 月 10 日，商务部发布《关于 2011 年度铁合金和柠檬酸（盐）出口许可申报条件及申报程序的公告》（商务部公告 2010 年第 82 号）；2010 年 12 月 28 日，商务部发布《符合 2011 年铁合金出口许可条件的企业名单》（商务部公告 2010 年第 100 号），公布了符合 2011 年铁合金出口许可条件的企业名单及铁合金出口许可申报企业分类。

第二节 产业结构分析

2003 ~2010 年中国钼产品出口结构如表 7-3 所示。

由表 7-3 可见，2010 年中国钼产品出口结构发生了一些变化，氧化钼、钼铁的出口份额与 2008 年、2009 年相近，钼化工产品的出口份额与 2009 年相比有了较大幅度的下降，但与 2007 年、2008 年的出口份额接近，然而 2010 年中国钼矿砂及其精矿（钼精矿）的出口量较多，占出口份额的6.70%，以前中国钼矿砂及其精矿的出口量非常小，在计算出口份额时常将其忽略。

表 7-3 2003～2010 年中国钼产品出口结构

项　目	2003 年	2004 年	2005 年	2006 年	2007 年	2008 年	2009 年	2010 年
氧化钼、钼铁出口份额/%	89.97	91.80	88.03	86.32	82.85	73.42	68.28	71.14
钼化工产品出口份额/%	5.87	3.61	4.74	4.78	9.00	5.25	16.03	7.31
钼金属制品出口份额/%	3.86	4.55	7.23	8.35	8.14	19.04	15.69	14.84
钼精矿/%	—	—	—	—	—	—	—	6.70

注：资源来源于中国海关总署。

2010 年中国钼产业结构调整的步伐进一步加大，国内两大联合型钼企业发展迅速，不管是钼化工产品还是钼金属产品的产量都有了大幅度的增长，产业链不断延伸，产业结构得到了很大的改善，为中国钼产业结构的调整做出了很大的贡献。但整个钼行业企业多、规模小、产业集中度低的状况仍没有从根本上得到改变，高精尖钼产品的研发、企业自主创新能力和意识、行业整体国际竞争力等方面与国外发达国家相比还存在着较大的差距。

第三节 市场及竞争力分析

一、中国钼市场分析

2010 年，中国钼产品进口量为 30410.62t（折纯钼

17203t)，同比下降51.74%；出口量为32622.21t（折纯钼19551t），同比增长136.68%；净出口量为2211.59t（折纯钼2348t）。

2010年，中国钼产量21.5万吨（折纯钼9.7万吨），加上钼的进口量（折纯钼1.7万吨），2010年中国钼的总供应量为11.4万吨，中国实际钼的供应量十分充足；2010年中国钼的消费量为6万吨，钼产品的出口量折纯钼为1.9万吨，再加上2009年中国钼的囤积量较大，国内钼的供应总量相当大。因此，后市中国钼市场将面临较大的压力，一方面由于出口关税及配额限制，中国钼产品出口受到限制；另一方面，中国钼消费增长速度将保持在10%左右，而中国钼的生产量每年都在增加。未来中国市场要消化如此大的钼供应量，是一件不容易的事情。

二、国际钼市场分析

2010年全球钼供应量共计为21.78万吨钼，同比增长14.8%。世界8大钼生产企业2010年产量为11.57万吨钼，同比增长15.8%。其中美国Freeport-McMoRan铜金分公司钼产量增长30.5%至3.15万吨钼；美国Kennecot公司钼产量增长5.8%至1.203万吨钼；智利Codelco钼产量增长12.1%至2.09万吨钼；Antofagasta钼产量增长13.7%至0.89万吨钼；Antamina钼产量增长50.7%至0.313万吨钼；墨西哥集团钼产量增长11.7%至2.075万吨钼；Collahuasi钼产量同比减少88.4%至0.436万吨钼；Thompson Greek钼产量增长18.1%至1.411万吨钼。

2010年，随着全球经济逐步复苏，西欧、美国和日本的不锈钢产量呈现恢复性加速增长态势，全球钼消费量同比增长17.3%，达到20.51万吨，但与全球钼供应量相比，全年市场出现较大库存。

三、竞争力分析

中国钼资源非常丰富，居世界第一位。中国钼矿以原生钼矿为主，共伴生钼矿特别少，2010年中国副产钼产量约占国内钼总产量的2%，98%的钼为原生钼矿生产，并且中国原矿中钼品位比较低，贫矿多，富矿少，再加上生产规模小，采选自动化程度低，使国内钼精矿生产成本较高，约在10~12美元/lb(钼)之间。国外钼矿山规模大，工艺设施先进，自动化程度高，并且其原矿钼品位普遍较高，钼矿物嵌布粒度粗，容易单体解离，均有利于钼选别技术指标的提高和选钼生产成本的降低，其原生钼矿钼精矿的生产成本目前不超过9.5美元/lb(钼)，而副产钼的成本更低，不超过5美元/lb(钼)。因此，中国钼精矿的生产成本与国外相比有较大的差距，再加上关税和配额的限制，中国钼产品的竞争力大大削弱。

2010年世界副产钼产量占全球钼总产量的46.2%，处于较低水平，主要原因是近年来钼价高涨，原生钼矿钼产量增加，而原生钼产量的增加主要集中在中国。在钼市场非常低迷的1998~2001年间，副产钼产量占全球钼总产量的比例可达到 65% 以上，主要原因是原生钼成本较高，价格远离成本区，迫使原生钼矿停产。

由于中国钼产品出口实行配额管理、出口钼产品征收关税、钼产量大幅度增长、国内消费增速减缓等因素的影响，已使国内独立存在的氧化钼、钼铁焙炼厂 70% 处于停产状态，独立存在的钼化工、钼金属生产企业干干停停，产能的利用率只有 50% 左右。

第八篇

钼行业管理与标准

第一章　钼行业管理

在产业政策导向方面，中国政府将逐步严格对钼精矿开采的管理，鼓励资源性产品的进口并继续控制其出口，引导原料向优势企业整合，支持技术开发和鼓励下游深加工，鼓励开展国际化经营。

第一节　严格对钼精矿开采的管理

在现行的政策中，国家已经从 2005 年起，取消对有色金属矿资源税减征 30% 的优惠政策，恢复全额征收；调整钼矿石资源税使用额标准：一等税额为每吨 8 元，二等税额为每吨 7 元，三等税额为每吨 6 元，四等税额为每吨 5 元，五等税额为每吨 4 元。根据财政部和国家税务总局《关于调整钼矿石等品目资源税政策的通知》（财税［2006］168 号），各地政府的执行标准并不一致，河南省对钼矿石统一征收 8 元/t 的资源税，陕西省为 6 元/t 的资源税。随着国家资源税改革政策的推进，对钼等重要矿产资源的资源税计征方法可能在从量定额计征基础上，增加从价定率的计征办法，以更好地发挥出税收的级差调节作用，抑制资源浪费。同时，中国国土资源部已经将钼精矿列入限制开采类目录，对未取得采矿证的矿山企业将进行严格监管。根据国家发改委和商务部联合颁布的《外商投资产业指导目录》，自2007年12月1日起，限制外商投资钼矿的勘查、开采。

2010年根据国家对稀土、钨、锑、锡、钼实行指令性计划管理的要求，工信部和发展改革委、国土资源部公布2010年稀有金属矿产品和冶炼分离产品指令性生产计划，规定当年全国钼精矿产量上限为18.5万吨（含钼45%），而且明确要求指令性生产计划指标应下达给符合国家产业政策、行业规划及相关管理规定要求的企业。其中，矿山企业须具有采矿许可证；冶炼企业不使用国家明令禁止或淘汰的生产工艺，达到环境保护有关规定、标准要求，计划指标要向重点企业倾斜。

2010年10月11日，国土资源部发布《关于开展全国稀土等矿产开发秩序专项整治行动的通知》，决定把符合要求的78个稀土等矿产资源开发整合矿区列为2010年省级重点挂牌督办矿区，并予以公布，以广泛接受社会各界监督，督促各地切实抓好稀土等矿产资源开发整合矿区的挂牌督办工作。在公布的78个稀土等矿产资源开发整合矿区中，钼矿占32个，为此次公布整合矿区总数的四成。

总之，中国政府正逐步严格对钼精矿的开采管理，已经有效地引导了钼矿资源的有序开发利用。同时，当前各地钼矿资源正逐步向优势企业和具有资金实力的大企业集中，也大大有利于钼矿资源的合理开采，有利于钼生产企业根据一定的市场条件调整产量。

第二节 继续控制钼产品出口

中国政府已经从2005年初开始，制定一系列政策限制钼产品的出口，包括取消已焙烧钼矿砂及其精矿、其他钼矿砂及其精矿、钼铁、钼粉、未锻轧钼（包括简单烧结成的条、杆）及钼废碎料6种产品的加工贸易；取消钼铁、已焙烧钼矿砂及其精矿、其他钼矿砂及其精矿、钼的氧化物和氢氧化物、钼酸铵、其他钼酸盐、钼粉、未锻轧钼、钼废碎料9种产品的出口退税；将钼条、杆、型材及异型材，钼丝和其他钼制品3种产品的出口退税调整至5%；钼铁的出口关税税率暂定为20%；已焙烧钼矿砂及精矿、其他钼矿砂及其精矿、钼的氧化物和氢氧化物、钼酸铵、其他钼酸盐、钼粉、未锻轧钼及钼废碎料的出口关税税率暂定为15%；从2007年6月18日起，对除钼条、杆、型材及异型材和钼丝外的其他所有钼产品出口实行配额管理。同时，钼产品出口实行资质管理，具备出口许可证申领资格的钼生产企业在生产能力、生产工艺以及回收率和综合能耗等技术经济指标方面均需要达到一定的标准。

受金融危机影响，国际钼市场需求极度疲软，国家两次降低部分钼产品的出口关税，但仍集中在钼化工和制品上。一是从2009年1月1日起，钼酸铵和钼粉的出口关税从之前的15%下调至10%；二是从2009年7月1日起，钼酸铵和钼粉的出口关税从10%调整至5%；钼的氧化物和氢氧化物、其他钼酸盐和未锻轧钼的出口关税从15%调整至5%。

2010年以来，由于国内外市场逐步回暖，经国务院批准，自2010年7月15日起取消部分钢材、医药、化工产品、有色金属加工材等商品的出口退税，其中包括钼加工材（包括钼条、杆、型材及异型材），不包括简单烧结的条、杆和其他钼制品这两种产品5%的出口退税。为此，钼产品中唯有钼丝仍保留有5%的出口退税。

总之，除非在特定的条件下，限制钼产品出口是中国政府调控的方向，这在钼产品出口量上也得到了很好的体现。在“十五”期间，中国钼出口量除2005年为3.5万吨钼外，2001~2004年均在4万吨钼以上，以2004年最高，为4.64万吨钼。“十一五”期间，中国钼出口量基本呈现逐年下降趋势，金融危机的出现更是导致钼出口量的骤降。

第三节 鼓励资源性产品的进口

2007年底，国家发展改革委、财政部、商务部三部门联合发出通知，鼓励进口资源性产品和原材料，对其进口给予贴息支持。镍、铬、铀、钼、钛、铌、钽矿砂及其精矿、铜精矿、锌精矿、多晶硅、聚酰亚胺颗粒等重要资源性产品和原材料均鼓励进口。即使在2009年以后，在国内外存在价差导致大量进口氧化钼和钼精矿的情况下，政府也没有制定任何相应的措施来限制钼产品的进口。

第四节 引导资源配置向优势企业整合

目前，钼矿资源比较丰富的河南和内蒙古等地区的地方政府都在通过多种方式，积极推动钼资源的开发整合，目的是引导资源向优势企业集中配置，其中包括资源性企业之间的横向联合、资源性企业与深加工企业之间的纵向联合等。

第五节 鼓励下游深加工发展和支持技术开发

目前，钼条、杆、型材及异型材，钼丝和其他钼制品3种产品的出口依旧不征收关税，鼓励企业向下游深加工发展和支持技术开发将是中央政府和各地方政府一致努力的方向，具体包括促进生产设备、生产技术、生产管理等方面与国际接轨，大力推进节能减排工作，提高中国钼产品的质量，尤其是提高附加值高、技术含量高的钼金属制品的质量，鼓励企业开发和生产高档次的精细钼产品。

第六节 鼓励开展国际化经营

国家鼓励有实力的企业到境外资源丰富、政治经济形势稳定、开发利用条件较好的国家和地区建立海外资源基地，稳定境外资源供应渠道，规避和降低市场风险，满足国内经济发展需要。

第二章　钼行业标准

中国钼标准可以简单划分为钼矿及其检测标准、钼初级产品标准、钼初级产品检测标准、钼化工产品标准、钼制品标准、钼化工产品及钼制品检测标准七部分。以下就各部分的标准状况作一简要介绍和分析。

第一节　钼矿及其检测标准

钼冶金的原料主要为各种钼的矿产品，也有少数从二次钼原料如废含钼催化剂、钼钢中回收的钼。具有工业价值的钼矿物主要为辉钼矿，它占国内外钼开采量的 98% 左右，此外铁钼华有时也成为工业矿物，从各种铀钼复杂矿中也可综合回收钼。

中国钼资源以原生钼矿为主，且贫矿多富矿少，平均品位只有 0. 1% 。

表 8-1 给出了钼矿石检测方法标准，该系列标准制定于 20 世纪 90 年代，对钼、钨矿石中的主要元素和伴生元素都规定了检测方法，有利于综合回收利用。2004 年 10 月复审确认该批标准继续有效。

表 8-1 钼矿石检测方法标准

序号	标准号	标准名称
1	GB/T 14352.1—1993	钨矿石、钼矿石化学分析方法 硫氰酸盐光度法测定钨量
2	GB/T 14352.2—1993	钨矿石、钼矿石化学分析方法 硫氰酸盐光度法测定钼量
3	GB/T 14352.3—1993	钨矿石、钼矿石化学分析方法 火焰原子吸收分光光度法测定铜量
4	GB/T 14352.4—1993	钨矿石、钼矿石化学分析方法 火焰原子吸收分光光度法测定铅量
5	GB/T 14352.5—1993	钨矿石、钼矿石化学分析方法 火焰原子吸收分光光度法测定锌量
6	GB/T 14352.6—1993	钨矿石、钼矿石化学分析方法 火焰原子吸收分光光度法测定镉量
7	GB/T 14352.7—1993	钨矿石、钼矿石化学分析方法 丁二肟-磺基水杨酸-氢氧化铵-氯化铵底液极谱法测定钴量
8	GB/T 14352.8—1993	钨矿石、钼矿石化学分析方法 丁二肟-磺基水杨酸-氢氧化铵-氯化铵底液极谱法测定镍量
9	GB/T 14352.9—1993	钨矿石、钼矿石化学分析方法 高温燃烧碘量法测定全硫量
10	GB/T 14352.10—1993	钨矿石、钼矿石化学分析方法 二乙基二硫代氨基甲酸银光度法测定砷量
11	GB/T 14352.11—1993	钨矿石、钼矿石化学分析方法 火焰原子吸收分光光度法测定铋量
12	GB/T 14352.12—1993	钨矿石、钼矿石化学分析方法 甲基异丁基甲酮萃取火焰原子吸收分光光度法测定银量

续表 8-1

序号	标准号	标准名称
13	GB/T 14352.13—1993	钨矿石、钼矿石化学分析方法 盐酸-氯化铵底液极谱法测定锡量
14	GB/T 14352.14—1993	钨矿石、钼矿石化学分析方法 乙酸丁酯萃取分离-罗丹明 B 光度法测定镓量
15	GB/T 14352.15—1993	钨矿石、钼矿石化学分析方法 蒸馏分离-苯芴酮-十六烷基三甲基溴化铵光度法测定锗量
16	GB/T 14352.16—1993	钨矿石、钼矿石化学分析方法 3,3′-二氨基联苯胺光度法测定硒量
17	GB/T 14352.17—1993	钨矿石、钼矿石化学分析方法 丁基罗丹明 B 光度法测定碲量
18	GB/T 14352.18—1993	钨矿石、钼矿石化学分析方法 硫氰酸盐光度法测定铼量

第二节　钼初级产品标准

钼初级产品一般包括钼精矿、工业氧化钼（焙烧钼精矿）、钼铁。

国内主要钼精矿生产企业的选矿设备和选矿技术有了长足进步：磨矿自动化、高效大型浮选机、新型浮选药剂、先进的浮选工艺普遍地得到推广应用，选矿工艺技术水平大幅提升，使钼精矿的品位有了较大提高，杂质元素得到有效控制。

钼铁是钼与铁的合金。钢中加入钼可使钢具有均匀的细晶组织，并提高钢的淬透性，有利于消除回火脆性。在高速钢中，钼可代替一部分钨。钼同其他合金元素配合在一起广泛地应用于生产不锈钢、耐热钢、耐酸钢和工具钢，以及具有特殊物理性能的合金。钼加于铸铁里可增大其强度和耐磨性。钼铁通常采用金属热法熔炼。

行业标准 YS/T 235—2007《钼精矿》的修订过程本着既要有利于矿产资源的综合回收利用，又能满足后续加工的市场需求的原则，从中国钼行业的实际情况出发，确立了牌号和杂质元素指标，明显地缩小了与国际通行标准的差距，标准水平已与国外先进标准水平相当，其中大部分指标达到美国、智利等国的公司标准水平。

目前中国制定的氧化钼标准只有 YB/T 5129—1993（原 GB/T 5064—1987）《氧化钼块》，该标准适用于炼钢和铸铁使用的氧化钼块，产品以圆柱形或其他状态交货，块重 1.0～5.0kg。

钼铁标准颁布 20 余年，其中有指标已不适应现在的需求，该标准正在修订过程中。钼初级产品标准列于表 8-2 中。

表 8-2 钼初级产品标准

序号	标准号	标准名称	对应的国际或国外标准
1	YS/T 235—2007	钼精矿	
2	YB/T 5129—1993（2005）	氧化钼块	ASTM A 146—2004《氧化钼产品标准规范》
3	GB/T 3649—1987	钼铁	ISO5452—1980、ASTM A 132—2004、JIS G2307—1998、DIN 17561—2004

第三节　钼初级产品检测标准

现行的钼精矿分析方法标准是2004年由国家标准GB/T 15079—1994调整为行业标准YS/T 555—2006，由于钼精矿标准的修订，个别元素的测定范围及测定方法也需做必要的修改，已列入2007年行业标准计划，2008年元月完成了审定。

氧化钼块化学分析方法是1994年1月1日由GB/T 3285—1982（9个分部分）调整为冶金行业标准YB/T 5038～5046—1993，2005年7月26日YB/T 5042—1993《氧化钼块化学分析方法　库仑法测定碳》废止，其余部分2005年确认继续有效。

钼铁化学分析方法在制定过程中修改采用ISO、ГОСТ、ASTM等标准，2000年12月20日GB/T 5059.8—1988《钼铁化学分析方法 库仑法测定碳量》废止；2005年10月14日GB/T 5059.4—1988《钼铁化学分析方法　极谱法测定锡量》废止。钼初级产品检测标准列于表8-3中。

表8-3　钼初级产品检测标准

序号	标准号	标准名称	对应的国际或国外标准
1	YS/T 555.1—2006	钼精矿化学分析方法 钼量的测定	ГОСТ2082.3—1981
2	YS/T 555.2—2006	钼精矿化学分析方法 二氧化硅量的测定	ГОСТ2082.4—1981

续表 8-3

序号	标准号	标准名称	对应的国际或国外标准
3	YS/T 555.3—2006	钼精矿化学分析方法 砷量的测定	ГОСТ2082.5—1981
4	YS/T 555.4—2006	钼精矿化学分析方法 锡量的测定	ГОСТ2082.6—1981
5	YS/T 555.5—2006	钼精矿化学分析方法 磷量的测定	ГОСТ2082.7—1981
6	YS/T 555.6—2006	钼精矿化学分析方法 铜和铅量的测定	ГОСТ2082.8—1981 ГОСТ2082.17—1981
7	YS/T 555.7—2006	钼精矿化学分析方法 钙量的测定	—
8	YS/T 555.8—2006	钼精矿化学分析方法 钨量的测定	ГОСТ2082.10—1981
9	YS/T 555.9—2006	钼精矿化学分析方法 铋量的测定	ГОСТ2082.14—1981
10	YS/T 555.10—2006	钼精矿化学分析方法 钾和钠量的测定	ГОСТ2082.9—1981
11	YS/T 555.11—2006	钼精矿化学分析方法 铼量的测定	ГОСТ2082.16—1981
12	YS/T 555.12—2006	钼精矿化学分析方法 油和水分总含量的测定	ГОСТ2082.2—1981
13	YB/T 5038—1993 (2005)	氧化钼块化学分析方法 重量法测定湿存水	—
14	YB/T 5039—1993 (2005)	氧化钼块化学分析方法 钼酸铅重量法测定钼	—

续表 8-3

序号	标准号	标准名称	对应的国际或国外标准
15	YB/T 5040—1993（2005）	氧化钼块化学分析方法 硫酸钡重量法测定硫	—
16	YB/T 5041—1993（2005）	氧化钼块化学分析方法 燃烧-碘酸钾容量法测定硫	—
17	YB/T 5043—1993（2005）	氧化钼块化学分析方法 正丁醇-三氯甲烷萃取光度法测定磷	—
18	YB/T 5044—1993（2005）	氧化钼块化学分析方法 苯基荧光酮光度法测定锡	—
19	YB/T 5045—1993（2005）	氧化钼块化学分析方法 新铜试剂光度法测定铜	—
20	YB/T 5046—1993（2005）	氧化钼块化学分析方法 孔雀绿光度法测定锑	—
21	GB/T 5059. 1—1985	钼铁化学分析方法 8-羟基喹啉重量法测定钼量	ISO 4173—1980
22	GB/T 5059. 2—1985	钼铁化学分析方法 孔雀绿分光光度法测定锑量	ГОСТ13151. 10—1973
23	GB/T 5059. 3—1985	钼铁化学分析方法 原子吸收分光光度法测定铜量	JIS G1317—1982
24	GB/T 5059. 5—1986	钼铁化学分析方法 重量法测定硅量	JIS G1317—1982
25	GB/T 5059. 6—1986	钼铁化学分析方法 钼蓝光度法测定磷量	JIS G1317—1982
26	GB/T 5059. 7—1988	钼铁化学分析方法 红外线吸收法测定碳量	ASTM E1019—85

续表 8-3

序号	标 准 号	标 准 名 称	对应的国际或国外标准
27	GB/T 5059. 9—1988	钼铁化学分析方法 红外线吸收法测定硫量	ASTM E1019—85
28	GB/T 5059. 10—1988	钼铁化学分析方法 燃烧碘酸钾滴定法测定硫量	JIS G1317—1982

第四节 钼化工产品标准

随着钼化工产品不断发展，品种门类不断增加，生产技术不断创新，应用领域亦不断扩展，近年来钼化工产品的消费已上升至钼总消费量的 14% ~15%。目前钼化工产品有钼酸盐缓蚀剂、阻燃抑烟剂、钼肥、电致色玻璃、自洁剂、涂层材料、碱性氧化钼电池材料、医用杀菌剂、消毒杀菌剂、功能材料、电子发射材料等。目前不但钼化工产品门类增多，而且品种也日趋丰富，应用趋向多元化。

中国钼化工产品主要包括钼酸铵、钼酸钠、高纯二硫化钼、高纯三氧化钼等。国外钼化工企业采用溶剂萃取和离子交换等技术生产高纯和超高纯钼酸铵，采用连续结晶工艺生产钼酸铵，大力发展钼的精细化工产品。而国内大部分生产厂家仍采用辉钼矿焙烧、氨浸、净化、中和结晶制取钼酸铵的工艺。钼酸铵产品中的 K、Na 含量较高。2007 年对《钼酸铵》国家标准进行了修订，考虑到实际情况，标准中 MSA-0 级规定：K 含量不大于 0.01%，Na 含量不大于

0.0010%；MSA-2 级规定：K 含量不大于 0.040%，Na 含量不大于 0.0030%；MSA-3 级规定：K 含量不大于 0.080%，Na 含量不大于 0.0050%。但与美国的 CLIMAX、奥地利的 PLANSEE 公司的产品相比还有一定差距。

为适应市场需求，钼化工产品标准的制修订工作也越来越得到企业和有关部门的重视。2007 年相继制定了《纯三氧化钼》和《高纯二硫化钼》行业标准。钼化工产品标准见表 8-4。

表 8-4　钼化工产品标准

序号	标准号	标准名称	对应的国际或国外标准
1	GB/T 3460—2007	钼酸铵	JIS K 8905—1994
2	GB/T 657—1993	化学试剂 四水合钼酸铵（钼酸铵）	JIS K 8905—1994
3	YS/T 639—2007	纯三氧化钼	ASTM A 146—04
4	HG/T 3256—2001	工业二硫化钼	—
5	HG/T 3929—2007	高纯二硫化钼	—

第五节　钼制品标准

钼制品主要包括钼棒、钼杆、钼板、钼片、钼坩埚、钼饼、钼管、钼舟、钼瓦楞板、钼零件、钼环、钼异型板、钼异型件、钼靶材、钼电极头、钼成型器、钼针、钼锯齿、钼螺栓、钼丝等。

钼和钼合金的棒（条）、丝、板、带、箔及异型制品普遍应用于冶金、机械制造、电子、照明及一些高科技领域。如照明灯丝的支架、芯轴导线、反射屏；电子工业用的阳极、栅极、辅助电极、垫片；真空电镀、溅射中用的容器、舟皿、加热器；高温炉用的发热元件、电极、隔热屏；表面处理用作堆焊、喷镀；测温用的热电偶及保护套；UO_2提炼用的烧舟等。最近10年来钼的应用又获得了进一步扩展，如用钼粉或钼丝的热喷镀大大提高了汽车上活塞环和齿轮件的使用寿命；在玻璃和耐火纤维材料工业中，用钼可代替以前的铂坩埚和电极，且取得了很好的效果。高温钼的出现，使钼在卤素水银灯和真空炉中的应用范围越来越大。在压铸工业中，钼及其合金可作为有色和黑色金属的压铸模具材料。耐热钼基陶瓷管适宜于炼钢过程氧气顶吹转炉连续测量的套管，热挤压模；钼合金顶头广泛用于穿制无缝钢管和不锈钢管，可显著地提高生产率和产品质量，降低成本。钼与钨形成的合金，其抗（锌液和锌蒸气）腐蚀性能特别优良，已普遍使用Mo-30W合金制作立轴和测温套管，大大地减少停工维修，改善劳动条件。$MoSi_2$的抗氧化性能特别好，用它可作为在大气中使用温度达1700℃的加热元件，也可作为稀土冶炼和一些拉制单晶用的坩埚，代替贵重的铂金坩埚。

中国的钼制品标准的制定始于20世纪80年代，较好地满足了钼行业和电子工业等领域的需求。目前钼制品行业迅猛发展，近两年先后对《钼粉》、《钼条和钼板坯》等一批标准进行了修订，但仍有一些指标落后的标准要修订，对没有国标、行标的产品在适当的时候应制定标准。钼制品标准见表 8-5。

表 8-5 钼制品标准

序号	标 准 号	标 准 名 称	对应的国际或国外标准
1	GB/T 3461—2006	钼粉	—
2	GB/T 3462—2007	钼条和钼板坯	—
3	GB/T 3876—2007	钼及钼合金板	ASTM B 386—2003
4	GB/T 3877—2006	钼箔	ASTM B 386—2003
5	GB/T 4182—2003	钼丝	ASTM B 387—90（2001）
6	GB/T 4183—2002	钼钨合金丝	—
7	GB/T 4185—1984	钼钨合金条	—
8	GB/T 4186—2002	钼钨合金杆	—
9	GB/T 4188—1984	钼杆	ASTM B 387—90（2001）
10	GB/T 4190—1984	掺杂钼条	—
11	GB/T 14592—1993	钼圆片	—
12	GB/T 17792—1999	钼及钼合金棒	ASTM B 387—1990
13	YS/T 245—1994（2005）	粉冶钼合金顶头	—
14	YS/T 660—2007	钼及钼合金加工产品牌号和化学成分	—
15	JB/T 9687. 1—1999	电力半导体器件用钼圆片	—

第六节 钼化工产品及钼制品检测标准

钼化工产品及钼制品检测标准包括物理性能检测标准和

化学分析检测标准。

中国的《钼化学分析方法》包括28个分标准，较好地满足了国内生产和贸易的需求，而美国的ASTM E 315—04只有3个元素的分析方法。

金属钼大量用作高温电炉的发热材料和结构材料、真空管的大型电极和栅极、半导体及电光源材料。中国钼产品大量出口，但欧盟ROHS指令和WEEE指令的实施，迫使用于电子电器设备的钼产品控制铅、汞、镉、铬等有毒有害杂质的含量，钼产品标准在制修订过程中对以上元素也提出了更严格的限定。要求与之配套的分析方法标准的检测下限大大降低，有必要对目前的分析检测标准进行修订和完善。

该批标准大多实施20余年，一些方法所用的设备已不生产，一些分析方法已被大型仪器分析方法取代，目前已有企业提出修订部分标准。钼化工产品及钼制品检测标准见表8-6。

表8-6 钼化工产品及钼制品检测标准

序号	标 准 号	标 准 名 称	对应的国际或国外标准
1	GB/T 4192—1984	电真空器件及电光源用钨、钼材料电阻率的测试方法	—
2	GB/T 4193—1984	电真空器件及电光源用细钨丝、钼丝和薄带密度的测试方法	—
3	GB/T 4195—1984	钨、钼粉末粒度分布测试方法（沉降天平法）	ASTM B 430—97（2006）

续表 8-6

序号	标准号	标准名称	对应的国际或国外标准
4	GB/T 4196—1984	钨、钼条密度测定方法	—
5	GB/T 4197—1984	钨钼及其合金的烧结坯条、棒材晶粒度测试方法	—
6	GB/T 4325.1—1984	钼化学分析方法 方波极谱法连续测定铅、镉量	—
7	GB/T 4325.2—1984	钼化学分析方法 碘化钾-马钱子碱光度法测定铋量	—
8	GB/T 4325.3—1984	钼化学分析方法 聚乙二醇辛基苯基醚-苯荧光酮光度法测定锡量	—
9	GB/T 4325.4—1984	钼化学分析方法 孔雀绿光度法测定锑量	—
10	GB/T 4325.5—1984	钼化学分析方法 钼蓝光度法测定砷量	—
11	GB/T 4325.6—1984	钼化学分析方法 邻二氮杂菲光度法测定铁量	ASTM E 315—04
12	GB/T 4325.7—1984	钼化学分析方法 钴试剂光度法测定钴量	—
13	GB/T 4325.8—1984	钼化学分析方法 丁二酮肟光度法测定镍量	ASTM E 315—04
14	GB/T 4325.9—1984	钼化学分析方法 丁二酮肟重量法测定镍量	—
15	GB/T 4325.10—1984	钼化学分析方法 新酮试剂光度法测定铜量	—

续表 8-6

序号	标 准 号	标 准 名 称	对应的国际或国外标准
16	GB/T 4325. 11—1984	钼化学分析方法 铬天青 S 光度法测定铝量	—
17	GB/T 4325. 12—1984	钼化学分析方法 氯化-钼蓝光度法测定硅量	ASTM E 315—04
18	GB/T 4325. 13—1984	钼化学分析方法 乙二醛双（2-羟基苯胺）光度法测定钙量	—
19	GB/T 4325. 14—1984	钼化学分析方法 原子吸收分光光度法测定钙量	—
20	GB/T 4325. 15—1984	钼化学分析方法 偶氮氯膦 I 光度法测定镁量	—
21	GB/T 4325. 16—1984	钼化学分析方法 原子吸收分光光度法测定镁量	—
22	GB/T 4325. 17—1984	钼化学分析方法 原子吸收分光光度法测定钠量	—
23	GB/T 4325. 18—1984	钼化学分析方法 原子吸收分光光度法测定钾量	—
24	GB/T 4325. 19—1984	钼化学分析方法 二安替比林甲烷光度法测定钛量	—
25	GB/T 4325. 20—1984	钼化学分析方法 钽试剂光度法测定钒量	—
26	GB/T 4325. 21—1984	钼化学分析方法 二苯基碳酰二肼光度法测定铬量	—
27	GB/T 4325. 22—1984	钼化学分析方法 甲醛肟光度法测定锰量	—

续表 8-6

序号	标准号	标准名称	对应的国际或国外标准
28	GB/T 4325. 23—1984	钼化学分析方法 燃烧-电导法测定硫量	ГОСТ14338. 2—1982
29	GB/T 4325. 24—1984	钼化学分析方法 钼蓝光度法测定磷量	ГОСТ14338. 3—1982
30	GB/T 4325. 25—1984	钼化学分析方法 惰气熔融库仑滴定法测定氧量	ГОСТ14338. 4—1982
31	GB/T 4325. 26—1984	钼化学分析方法 奈氏试剂光度法测定氮量	ГОСТ14338. 4—1982
32	GB/T 4325. 27—1984	钼化学分析方法 燃烧-库仑滴定法测定碳量	ГОСТ14338. 1—1982
33	GB/T 4325. 28—1984	钼化学分析方法 四苯砷氯盐酸盐-硫氰酸盐光度法测定钨量	—
34	YS/T 558—2006	钼的发射光谱分析方法	ГОСТ14316—1991

总之，中国钼标准涵盖了钼原料、钼初级产品、钼深加工产品及其检测方法，数量较多，主要产品标准、分析检测标准齐全，基本能满足国内生产、贸易的需求。

参考文献

[1] H H 莫尔古诺娃. 钼合金[M]. 北京：冶金工业出版社，1984.

[2] 向铁根. 钼冶金[M]. 长沙：中南大学出版社，2002.

[3] 张启修，赵秦生. 钨钼冶金[M]. 北京：冶金工业出版社，2005.

[4] Northcott，L. Molybdenum [M]. London：Butterworth Scientific Publications，1956.

[5] 黄伯云，李成功，等. 中国工程材料大典[M]. 北京：化学工业出版社，2006.

[6] 罗振中. 钼的应用及其发展[J]. 中国钼业，2003，27(2)：7～10.

[7] 张文朴. 钼在化学工业中的应用[J]. 钼业经济技术，1991，14(2)：35.

[8] 张文朴. 我国石油化工含钼催化剂研究进展评述[J]. 中国钼业，2003，27（5）：8～10.

[9] 秦玉楠. 含钼催化剂发展现状、市场及应用前景[J]. 中国钼业，1997，21(2/3)：109～116.

[10] 李大成，杨刘晓，孙院军，等. 钼金属深加工产品现状及技术应用分析[J]. 中国钼业，2008，32(1)：8～13.

[11] 莫叔迟. 2007 年世界钼的生产及应用[J]. 中国钼业，2008，32(4).

[12] 成会朝，范景莲. TZM 钼合金制备技术及研究进展[J]. 中国钼业，2008，32(6).

[13] 张文钲. 固体润滑涂层微动磨损性能研究[J]. 摩擦学学报，2002(4).

［14］杨湘庆，防癌美容常见病与饮食［M］．天津：天津科学技术出版社，1991．

［15］冶金报社．冶金科学导游［M］．北京：冶金工业出版社，1990．

［16］中国科学院．农村实用技术 200 例［M］．北京：北京科学技术出版社，1991．

［17］梁荣祥．乳腺癌现代诊疗问答［M］．济南：山东科学技术出版社，2000．

［18］徐岩，徐博，康华，等．新编选矿知识问答［M］．北京：化学工业出版社，2008．

［19］段希祥．碎矿与磨矿［M］．北京：冶金工业出版社，2008．

［20］马晶，张文钲，李枢本．钼矿选矿［M］．2 版．北京：冶金工业出版社，2008．

［21］邵全渝．自磨和半自磨技术的进展［J］．国外金属矿选矿，2007(10)：7～12．

［22］李冬．大型半自磨机在冬瓜山选矿厂的应用［J］．矿业快报，2008(12)：107～108．

［23］刘升年．57％钼精矿技术研究与生产实践［J］．有色金属：选矿部分，2008(4)：6～9．

［24］刘迎春，王漪靖，张美鸽．提高钼精矿品位试验研究［J］．有色金属：选矿部分，2008(1)：23～25．

［25］张成强，李洪潮，张颖新，等．我国复杂难选钼矿资源选矿技术进展［J］．中国矿业，2009(10)：64～66．

［26］张美鸽，刘迎春，李九洲，等．YC 捕收剂及其各馏分对辉钼矿的试验研究［J］．金属矿山，2006(11)：45～46．

［27］葛虎胜，陈刚刚．节能减排新工艺在雷门沟钼矿尾矿库回水中

的应用[J]. 中国钼业，2008(4)：13～15.

[28] 郭振世，王 醒，贺选民，等. 金堆城尾矿输送系统节能技术设计研究与实践[J]. 中国钼业，2006(2)：10～14.

[29] 王金玮，相炜鹏. 磁性衬板在钼矿山一段大型球磨机的应用[J]. 中国钼业，2006(2)：18～21.

[30] 郭小宏. 金堆城钼精选尾矿选铜技术进展[J]. 中国钼业，2003(4)：5～9.

[31] 王漪靖，张学武. 浮选机-浮选柱联合新工艺生产含钼57%钼精矿[J]. 金属矿山，2011(4)：62～66.

[32] 李九洲，王金玮，康建雄. 高压辊磨机在金堆城钼矿的应用试验[J]. 现代矿业，2011(2)：95～96.

[33] 张培安. 金堆城钼矿床有价元素的综合回收利用研究[J]. 有色金属：选矿部分，2002(5)：1～4.

[34] 高湛伟，杨剑波，王忠锋. 浮钼尾矿回收白钨的选矿生产实践[J]. 中国钼业，2009(5)：14～16.

[35] 孙传尧. 当代世界的矿物加工技术与装备（第十届选矿年评）[M]. 北京：科学技术出版社，2006.

[36] 彭如清，姚云芳. 中国钼业发展应有的冷静与思考[J]. 中国钼业，2009(1)：1～4.

[37] 汤雁斌. 国内外钼矿选矿技术进步与创新[J]. 铜业工程，2010(1)：29～33.

[38] 戴新宇，周少珍. 我国钼矿石资源特点及其选矿技术进展[J]. 矿产综合利用，2010(6)：28～32.

[39] 张文钲，康泰成，黄宪法. 钼冶炼[M]. 西安：西安交通大学出版社，1991.

[40] 李洪桂. 稀有金属冶金学[M]. 北京：冶金工业出版

社，1990.

[41] 黄兴无. 有色冶金原理[M]. 北京：冶金工业出版社，1993.

[42] 戴永年，赵忠. 真空冶金[M]. 北京：冶金工业出版社，1988.

[43] 陈鸿飞. 除尘与分离技术[M]. 北京：冶金工业出版社，2007.

[44] 朱宝轩，刘向东. 化工安全技术基础[M]. 北京：化学工业出版社，2004.

[45] 张文钲. 国内外钼先进技术与发展动态评述[J]. 中国钼业，2000，24(6).

[46] 张文钲. 用高新技术改造钼企业 保持钼业可持续发展[J]. 中国钼业，2002，26(2).

[47] 张文钲. 钼酸盐阻燃抑烟剂研发现状[J]. 中国钼业，2003，27(1).

[48] 张文钲. 氧化钼生产技术发展现状[J]. 中国钼业，2003，27(5).

[49] 张文钲. 钼酸铵研发进展[J]. 中国钼业，2005，29(2).

[50] 白淑，张胜华. 钨钼丝加工原理[M]. 北京：轻工业出版社，1983.

附 录

附录一　64种有色金属元素

64种有色金属包括：铝、镁、钾、钠、钙、锶、钡、铜、铅、锌、锡、钴、镍、锑、汞、镉、铋、金、银、铂、钌、铑、钯、锇、铱、铍、锂、铷、铯、钛、锆、铪、钒、铌、钽、钨、钼、镓、铟、铊、锗、铼、镧、铈、镨、钕、钐、铕、钆、铽、镝、钬、铒、铥、镱、镥、钇、钪、硅、硼、硒、碲、砷、钍。

有色金属又分为轻金属、重金属、稀有金属、贵金属和其他有色金属。

（1）轻金属：7种，铝、镁、钾、钠、钙、锶、钡（其中钾、钠、钙、锶、钡5种一般为化工系统的产品）。

（2）重金属：10种，铜、铅、锌、镍、钴、锡、锑、铋、镉、汞。

（3）稀有金属：35种，又细分为四类：

1）稀有轻金属4种（在稀有金属中密度最小）：锂、铍、铷、铯。

2）稀有难熔金属8种（在金属中熔点较高）：钨、钼、钽、铌、钛、锆、铪、钒。

3）稀散金属7种（矿体生成极为分散、且多为与其他矿物共生、非经准确的全分析不易发现）：镓、铟、铊、锗、硒、碲、铼（有的分法，将铼分为难熔金属）。

4）稀土金属16种（其氧化物似土，故名）：镧、铈、镨、钕、钐、铕、钆、铽、镝、钬、铒、铥、镱、镥、钇、钪。

（4）贵金属：8种，金、银、钌、铑、钯、锇、铱、铂。

（5）其他有色金属：4种，硅、砷、硼、钍。

附录二 元素周期表

周期	IA	IIA	IIIB	IVB	VB	VIB	VIIB	VIII	VIII	VIII	IB	IIB	IIIA	IVA	VA	VIA	VIIA	
1	1 H 氢 1.0079																	2 He 氦 4.0026
2	3 Li 锂 6.941	4 Be 铍 9.0122											5 B 硼 10.811	6 C 碳 12.011	7 N 氮 14.007	8 O 氧 15.999	9 F 氟 18.998	10 Ne 氖 20.17
3	11 Na 钠 22.9898	12 Mg 镁 24.305											13 Al 铝 26.982	14 Si 硅 28.085	15 P 磷 30.974	16 S 硫 32.06	17 Cl 氯 35.453	18 Ar 氩 39.94
4	19 K 钾 39.098	20 Ca 钙 40.08	21Sc 钪 44.956	22 Ti 钛 47.9	23 V 钒 50.9415	24 Cr 铬 51.996	25Mn 锰 54.938	26 Fe 铁 55.84	27 Co 钴 58.9332	28 Ni 镍 58.69	29 Cu 铜 63.54	30 Zn 锌 65.38	31 Ga 镓 69.72	32Ge 锗 72.59	33As 砷 74.9216	34 Se 硒 78.9	35 Br 溴 79.904	36 Kr 氪 83.8
5	37Rb 铷 85.467	38 Sr 锶 87.62	39 Y 钇 88.906	40 Zr 锆 91.22	41Nb 铌 92.9064	42Mo 钼 95.94	43 Tc 锝 97.99	44 Ru 钌 101.07	45 Rh 铑 102.906	46 Pd 钯 106.42	47Ag 银 107.868	48Cd 镉 112.41	49 In 铟 114.82	50 Sn 锡 118.7	51Sb 锑 121.7	52 Te 碲 127.6	53 I 碘 126.905	54 Xe 氙 131.3
6	55Cs 铯 132.905	56 Ba 钡 137.33	57-71 La-Lu 镧系	72Hf 铪 178.49	73 Ta 钽 180.947	74 W 钨 183.8	75 Re 铼 186.207	76 Os 锇 190.2	77 Ir 铱 192.2	78 Pt 铂 195.08	79 Au 金 196.967	80Hg 汞 200.5	81 Tl 铊 204.3	82 Pb 铅 207.2	83 Bi 铋 208.98	84 Po 钋 (209)	85 At 砹 (210)	86 Rn 氡 (222)
7	87 Fr 钫 (223)	88 Ra 镭 (226.03)	89-103 Ac-Lr 锕系	104Rf 𬬻 (261)	105Db 𬭊 (262)	106 Sg 𬭳 (263)	107Bh 𬭛 (264)	108 Hs 𬭶 (265)	109Mt 鿏 (268)	110 Ds 𫟼 (269)	111 Rg 𬬭 (272)	112Cn 鿔 (277)						

镧系	57 La 镧 138.905	58Ce 铈 140.12	59 Pr 镨 140.91	60Nd 钕 144.2	61 Pm 钷 (147)	62Sm 钐 150.4	63 Eu 铕 151.96	64 Gd 钆 157.25	65 Tb 铽 158.93	66 Dy 镝 162.5	67 Ho 钬 164.93	68 Er 铒 167.2	69Tm 铥 168.934	70 Yb 镱 173.0	71 Lu 镥 174.96
锕系	89 Ac 锕 (227)	90Th 钍 232.0381	91Pa 镤 231.03588	92 U 铀 238.02891	93 Np 镎 (237)	94 Pu 钚 (239.244)	95Am 镅 (243)	96 Cm 锔 (247)	97 Bk 锫 (247)	98 Cf 锎 (251)	99 Es 锿 (252)	100Fm 镄 (257)	101 Md 钔 (258)	102 No 锘 (259)	103 Lr 铹 (260)